VIRGIE TOVAR

MEU CORPO,
MINHAS MEDIDAS

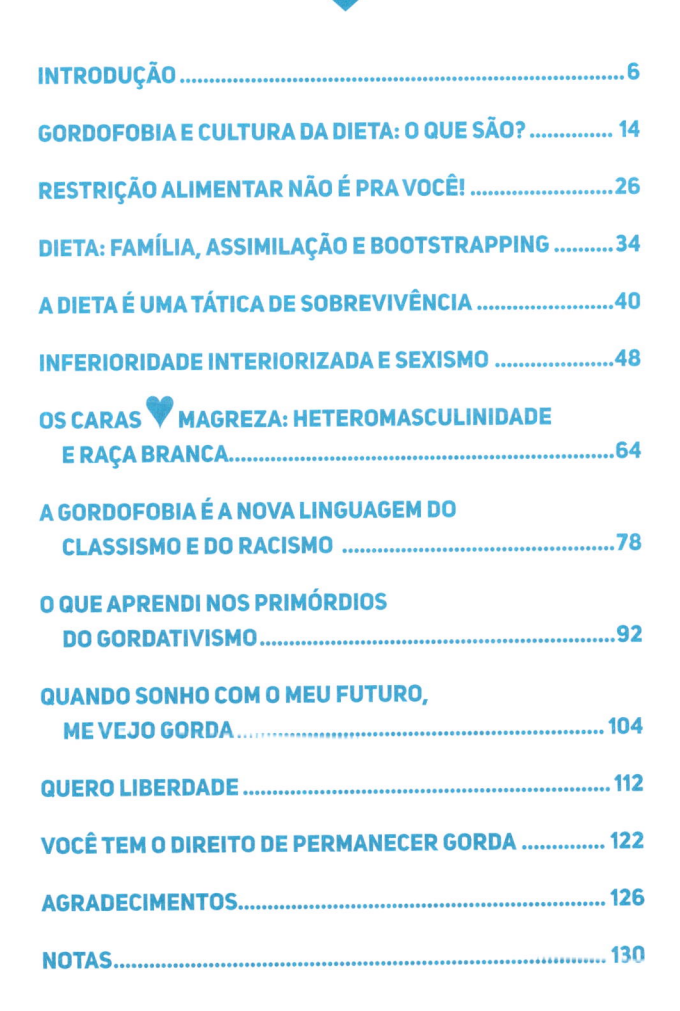

INTRODUÇÃO	6
GORDOFOBIA E CULTURA DA DIETA: O QUE SÃO?	14
RESTRIÇÃO ALIMENTAR NÃO É PRA VOCÊ!	26
DIETA: FAMÍLIA, ASSIMILAÇÃO E BOOTSTRAPPING	34
A DIETA É UMA TÁTICA DE SOBREVIVÊNCIA	40
INFERIORIDADE INTERIORIZADA E SEXISMO	48
OS CARAS ♥ MAGREZA: HETEROMASCULINIDADE E RAÇA BRANCA	64
A GORDOFOBIA É A NOVA LINGUAGEM DO CLASSISMO E DO RACISMO	78
O QUE APRENDI NOS PRIMÓRDIOS DO GORDATIVISMO	92
QUANDO SONHO COM O MEU FUTURO, ME VEJO GORDA	104
QUERO LIBERDADE	112
VOCÊ TEM O DIREITO DE PERMANECER GORDA	122
AGRADECIMENTOS	126
NOTAS	130

INTRODUÇÃO

Meu corpo costumava ser meu.

Quando eu era uma menininha, minha parte favorita do dia era chegar em casa após a creche ou alguma atividade. Eu abria a porta da frente com minhas mãozinhas e corria pela sala de estar repleta de móveis embalados em plástico bolha. Passava pela máquina de lavar e secar roupas, que fazia sons engraçados (que eu gostava), por meu quarto, com uma coleção crescente de brinquedos do ursinho Pooh, e entrava no banheiro. Tirava as roupas o mais rápido que conseguia, me sacudindo para tirar as calças e a calcinha e me libertando da blusa como se fosse uma membrana inconveniente. Deixava a pilha de roupas no chão e voltava a correr, gargalhando com um prazer incontido, até a cozinha, onde vovó sempre preparava alguma coisa.

Eu parava no fim do pequeno corredor, onde havia um tapete malhado sobre o piso da sala de jantar. Abria os braços e pernas o máximo possível. E me sacudia. Minhas coxas e barriga, minhas bochechas e o corpo todo sacudiam junto. Movia minha cabeça em círculos. O fato de tudo se mover e ondular me encantava. Meu corpo era como a água na banheira, ou na piscina comunitária, que eu tanto amava no verão. Meu corpo era como aquela água, uma fonte de alívio e diversão. Eu pulava naquela água e me sentia abraçada. Era gostoso. Ah, era tão gostoso. Lembro-me de como era curiosa e como amava o fato de o meu corpo ser capaz de fazer aquelas coisas incríveis. Eu não tinha noção alguma de autoconsciência, buscava apenas o prazer imediato.

Recordo essa época da minha vida como se fosse a história de outra pessoa. Parece tão distante. Tenho vontade de proteger a menininha, que não imaginava a educação horrível que a aguardava.

Menos de um ano depois, aquelas tardes repletas de sacolejos desapareceriam. Os meninos na escolinha me chamariam de nojenta e diriam que, por ser gordinha, nunca seria amada por alguém. Eu perderia de vista a magia do meu corpo, de mim mesma. Perderia totalmente a noção de que meu corpo era meu.

Toda a liberdade e o encantamento que sentia foram suplantados por uma noção dolorosa de que tinha falhado em algo importante. E que era meu dever consertar aquilo – ou seja, me consertar. Em vez de aprender a confiar nos meus instintos e me valorizar, absorvi a ideia de que tudo que importava em mim era o tamanho do meu corpo.

Por meio de uma série de eventos violentos e culturalmente sancionados – tão comuns que as mulheres simplesmente os conhecem como "vida" –, o relacionamento com meu corpo foi tomado de mim e substituído por algo estranho, desconhecido e ameaçador. Meu relacionamento com o corpo foi substituído por uma ideia tóxica: é errado ter um corpo assim. Essa ideia ameaçaria minha felicidade e minha saúde por quase duas décadas.

Por mais que eu quisesse que minha história fosse única, não é. É a história da vida de muitas mulheres na América.

Enquanto escrevia a introdução deste livro, recebi um e-mail de uma mulher que me contou que estava em tratamento para bulimia, um distúrbio que afeta desproporcionalmente o sexo feminino e que só existe em culturas que glorificam a magreza. Ainda que seguisse um tratamento para um distúrbio alimentar que ameaçava sua vida, estava receosa em ganhar peso "demais" durante a recuperação. A mensagem dela me lembrou da primeira vez em que ouvi uma história assim. Uma mulher me contou que teve um câncer não tratado porque a médica disse a ela que o problema era o excesso de peso. Ela fora se consultar porque sentia cólicas menstruais insuportáveis e seus fluxos eram muito intensos. Estava preocupada. Em vez de examiná-la, a médica disse que, se ela perdesse peso, tudo se resolveria. Se a médica tivesse ouvido sua paciente, teria encontrado o tumor em seu útero. Não foi o que aconteceu, e o tumor cresceu por três anos, sem que ninguém soubesse de sua existência. E fui lembrada de minha própria infância e minha educação em ter vergonha do meu corpo, que buscava tirar de mim as coisas mais preciosas que tinha: a magia inerente em estar viva e o veículo por meio do qual essa magia é vivenciada: meu corpo.

Os perpetradores dessas histórias são a vergonha do corpo, a gordofobia e a ditadura da dieta, que se escondem atrás do discurso aparentemente inofensivo do "aprimoramento pessoal", "inspiração" e "saúde". De várias formas, entretanto, essas ideias são meros sintomas de um problema cultural bem maior, que não é menos importante do que o racismo histórico e não resolvido em nosso país (Estados Unidos, no caso), a supremacia branca, a divisão de classes e a misoginia.

Enquanto passamos os últimos 25 anos removendo os resíduos de sexismo em nosso vocabulário, vivenciamos, em nossos pratos e balanças, outros métodos de opressão feminina – e frequentemente nem notamos que é isso que estamos fazendo. Aos poucos, abrimos mão de nossa vida, nosso tempo, nossa energia, nossa busca por prazer, nosso desejo e nosso poder. A submissão assumiu uma nova face: o sexismo, antes presente no acesso limitado à carreira e ao direito de voto, agora se revela em refeições puladas e horas excessivas passadas na academia. Como Naomi Wolf escreveu em O mito da beleza (Editora Rocco, 1992), "A dieta é o sedativo político mais potente na história das mulheres".

Você tem a minha palavra de que tudo que digo aqui é história verdadeira, tão bem descrita quanto possível, dos sete anos que passei pesquisando a cultura da dieta e a gordofobia. Não tenho nenhum objeto oculto além do desejo profundo de que a leitura deste livro dê a você as ferramentas para combater este horrível feminicídio assistido disfarçado como cultura da dieta. Admito que quero que você fique muito irritada, pelas mentiras que nos contaram e pelas forças culturais que trabalham ativamente para desmantelar as partes mais preciosas da sua existência agora mesmo, e assim fazer com que você pague por esse processo violento. Só quando paramos de mentir para nós mesmas podemos parar de aceitar que os outros mintam para a gente. Só somos livres quando temos nossa própria verdade.

A dieta da cultura busca minar exatamente isso: a autoconfiança – nosso compasso interior, esse guia reptiliano e pré-histórico que vive dentro de nós, nosso maior legado, acumulado após gerações e gerações de vida neste planeta.

E foi por isso que escrevi este livro, um investimento pessoal e profissional. Sou especialista em imagem corporal, palestrante e autora, além de acadêmica de Estudos sobre Gordura, uma disciplina emergente. Na vida pessoal, sou uma *fatshionista*, ativista vociferante, amante de docinhos com creme, uma viajante global, desbocada e uma boêmia de San Francisco que ama pedicures, estampas de onça e Chihuahuas, que não suportaria viver sem Mimosas, óculos de sol enormes, biquínis minúsculos e o vibrador Hitachi. Sou ainda uma mulher de 113 quilos que decidiu parar de fazer dietas porque queria começar a viver a vida, em vez de continuar sonhando com ela.

Eu costumava acreditar que tinha medo de comida e de ser gorda, mas agora sei que o medo era de uma cultura profundamente distorcida que não me permitiria crescer. Uma cultura que se dedicava, na verdade, a me degradar.

É com grande urgência que escrevo diretamente para as mulheres. O que quer que eu diga nas páginas seguintes, tenha certeza: é com um profundo desejo de ver as mulheres viverem a vida que todas merecemos viver – a vida que a cultura nunca te dará, a vida que você vai ter que tomar para si. A chave para esta vida é tomar as rédeas do seu próprio desejo. Esta cultura nos ensina a extinguir esse desejo no momento em que nos ensinam que mulheres não devem ser gordas. E eu digo: você tem o direito de ser gorda.

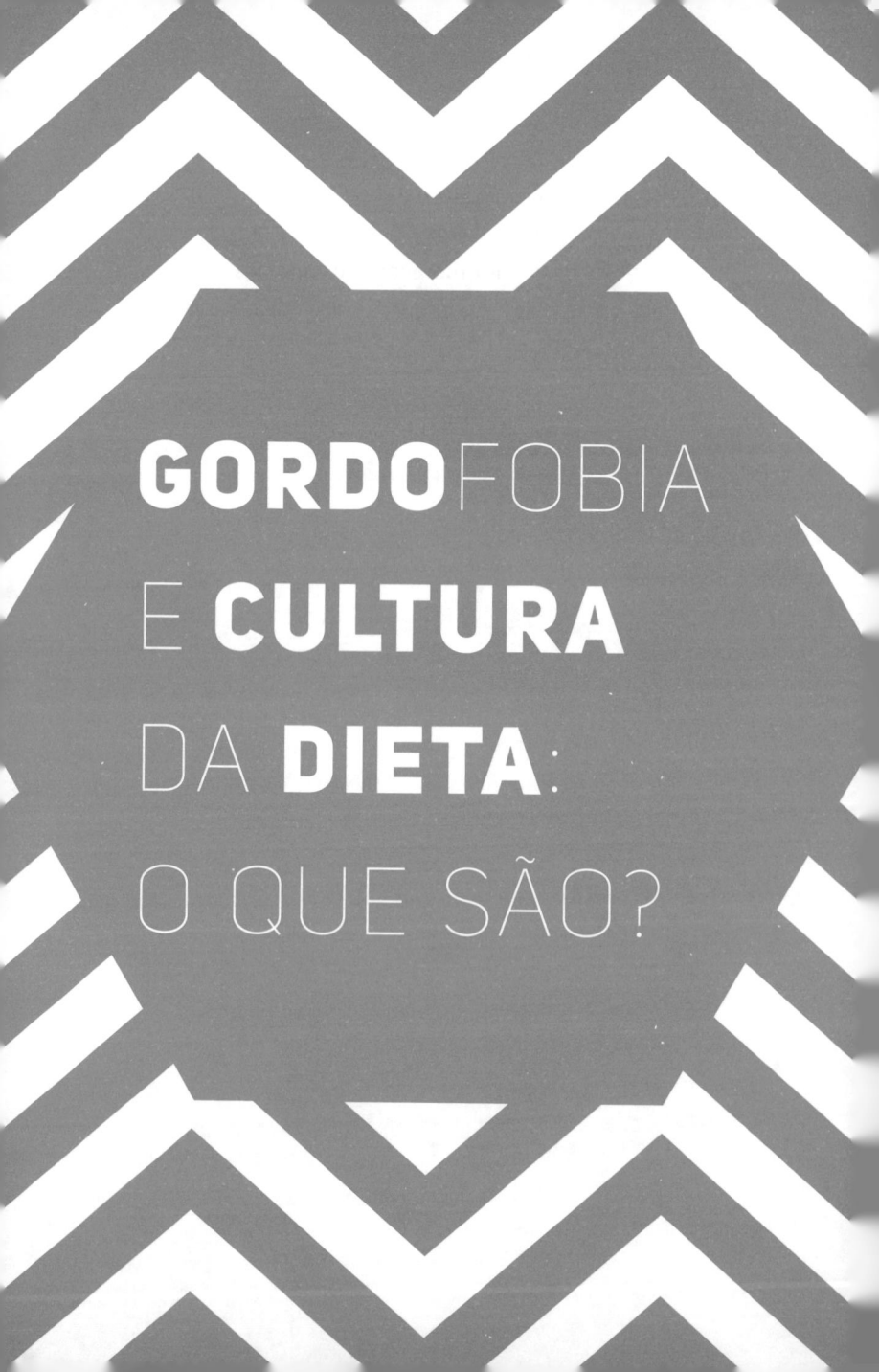

Acho que quase todo mundo se lembra daquele garoto que costumava olhar por baixo da saia das meninas. No meu caso, essa pessoa era Joshua. Estávamos no jardim de infância, tínhamos quatro anos. Um dia, estávamos engatinhando em um tubo de plástico bem colorido, como aqueles labirintos de cobaias para crianças pequenas. Eu estava exausta de fugir dele. Na verdade, estava fingindo que ele me perseguia, mas ele estava mesmo era atrás de uma garota menor, que estava atrás de mim no labirinto. Ele sempre perseguia e aterrorizava as garotas, tentando olhar por baixo da saia delas. Nunca tentou fazer isso comigo, e senti que essa rejeição significava algo maior.

Não acho que seja coincidência que o menino que olhava embaixo das saias tenha sido a primeira pessoa a me chamar de gorda. Ou, pelo menos, a primeira da qual eu me lembro. Afinal, atenção sexual masculina e o impulso de controlar o corpo feminino andam de mãos dadas.

Eu me lembro de que estávamos ambos parados e ele disse:

– Você é gorda.

Fiquei confusa. Não sabia em que contexto situar aquela palavra. Ela não fazia parte do meu mundo até então. Mas houve algo na forma como ele disse. Eu percebi, pela forma como ele a cuspia da boca, como um escarro, que era uma palavra ofensiva, cujo objetivo era me fazer recordar de algo sobre quem eu era.

Eu sabia que havia uma conexão distante entre meu desejo que ele olhasse embaixo da minha saia e o desejo dele de me magoar.

Fiquei olhando para ele, tentando calcular esta nova realidade. Muito em breve, eu entraria na escola e ouviria aquela palavra o tempo todo. Eu me tornaria aquela palavra, e me odiaria tanto quanto meus colegas de classe me odiavam.

Por muito tempo, fiquei alheia ao fato de que o ódio que as outras pessoas sentiam de mim não era minha culpa, e de que todo aquele ódio tinha um nome: a gordofobia é uma ideologia intolerante que inferioriza pessoas gordas e as torna objeto de ódio e escárnio. Os alvos e bodes expiatórios da gordofobia são as pessoas gordas, mas ela acaba magoando todo mundo. Todos acabam em um dentre estes dois grupos: ou vivem a mordaz realidade do preconceito gordofóbico ou com o medo de se tornarem alvo dele. Então, a gordofobia usa o tratamento de pessoas gordas como uma forma de controlar o tamanho do corpo de todas as outras pessoas.

A gordofobia cria um ambiente de hostilidade em relação às pessoas de corpo avantajado, promove um relacionamento patológico com a comida e o movimento (que, por meio da cultura da dieta, transforma-se em dieta e exercício), e deposita a carga do viés gordofóbico em indivíduos "incompatíveis" – isto é, pessoas gordas. Por causa da forma como as pessoas gordas são retratadas em nossa cultura, as pessoas aprendem a temer a gordura. Elas temem a discriminação e o ódio. É normal sentir medo de pessoas te odiando. Não é normal que as pessoas odeiem alguém baseado em seu peso. Além de não ser normal, não é justo nem ético sentir que você tem que cumprir as expectativas de conformidade do corpo para evitar o ódio e a discriminação. Nós, como cultura, tratamos "ser gordo" como uma coisa inerentemente ruim, quando na realidade o tamanho do corpo não tem significado algum e carece das associações boas ou más impostas pela cultura mais ampla. Nós não nascemos pensando que ser gordo é ruim e ser magro é bom. Nós aprendemos essas coisas por meio da cultura.

Em nenhum exemplo isso se tornou mais claro para mim do que quando comecei a ler o trabalho de antropólogos, fazendo etnografias em regiões do mundo contemporâneo onde as mulheres foram a extremos para serem tão gordas quanto possível. Voltarei a essa pesquisa mais tarde.

Quando nos propomos a reconhecer o que nossa cultura nos ensina sobre pessoas gordas, fica muito claro, e muito rápido, que a gordofobia é uma forma de preconceito, ocultada pela linguagem naturalizadora da beleza e da saúde e a falsa narrativa de preocupação.

Uma experiência recente que cimentou a realidade da gordofobia em minha mente aconteceu quando eu estava assistindo a uma conferência de *queers* gordas chamada NoLose. Ao contrário dos anos anteriores, a conferência foi realizada em Portland, em vez de Oakland, e estava em um hotel muito maior do que o dos anos anteriores. Pela primeira vez, compartilhávamos acomodações com muitos outros hóspedes que não tinham nenhuma relação com a conferência. Em Oakland, lotamos o hotel.

Ao longo dos três dias da conferência, vários participantes foram seguidos e intimidados pelos hóspedes do nosso hotel e até mesmo de um hotel vizinho. Alguns invadiram eventos privados e se recusaram a sair, apesar dos pedidos da equipe do hotel. As pessoas nos olhavam boquiabertas, como se fôssemos de outro planeta. A piscina era próxima ao saguão, e as pessoas se enfileiravam, com o nariz pressionado contra o vidro, para nos olhar enquanto nadávamos. Em certo ponto, eu estava esperando o elevador e, quando as portas se abriram, ouvi um homem dizer: "Olha ali uma delas!", falando com um grupo de duas mulheres e duas crianças, apontando para mim. Ele estava seguindo os participantes da conferência com a família, oferecendo comentários como se guiasse um passeio ao zoológico. Eu finalmente me aproximei dele e de sua família, no meio de um dos corredores do hotel. Abordei-os quando entravam em seu quarto, a cerca de noventa metros de distância, e minha raiva foi desencadeada. Disse a ele como era nojento que ele se comportasse de forma tão preconceituosa diante de sua família. Eu não o vi novamente durante o restante do fim de semana. Graças à Santa Stevie Nicks (se formos invocar uma divindade, que seja Stevie). É importante que esses gordofóbicos desavergonhados aprendam a temer feministas gordas e transloucadas.

Depois desse encontro desagradável, alguns de meus amigos gordos e eu resolvemos almoçar. Decidimos que seria mais fácil ir ao restaurante do hotel, então entramos e nos sentamos. Os cardápios estavam na mesa, e depois de alguns minutos a garçonete se aproximou. Ela nos cumprimentou dizendo (sem brincadeira):

– Hum, só de olhar para vocês, já sei que vão querer contas separadas.

Eu estava legitimamente chocada com sua linguagem odiosa. *Como assim, só de olhar?* Ela ficou ali, com a mão na cintura e aquele ar incomodado com a nossa audácia de entrar no restaurante do hotel onde estávamos hospedados. Um silêncio pairou sobre a mesa. As mulheres com quem eu estava abaixaram a cabeça e, uma após a outra, fizeram seus pedidos de maneira quase como se estivessem se desculpando. Aquela mulher havia acionado os gatilhos emocionais delas. Fez com que nos lembrássemos de momentos em nossa vida em que gordofóbicos tinham falado conosco como se desejassem que não existíssemos, como se fôssemos seres inferiores. Quando chegou minha hora, eu me recusei a pedir qualquer coisa e, em vez disso, perguntei:

– Existe algum motivo para que você trate a todos nesta mesa de maneira tão inaceitável?

Naquele momento, algo bizarro aconteceu. Ela parou por um segundo, o rosto congelado e, de um instante para o outro, passou do modo preconceituoso e intolerante ao modo mais-doce-do-que-uma-torta. Foi como assistir a um robô mudar de programações – do modo babaca ao de gentileza forçada – em dois segundos. Ela não se desculpou, mas daquele momento em diante, não voltou a se comportar de forma antiprofissional. Nós decidimos que a forma como lidaríamos com a situação, ao terminar a refeição, seria não deixar uma gorjeta. Alguém recentemente havia me introduzido ao conceito de "mesquinharia radical", e senti que esse era um daqueles momentos em que tudo o que podíamos fazer era combater o preconceito com uma pequena retaliação capitalista. Eu nunca havia experimentado a gordofobia em grupo antes. Quando estou sozinha, sou fácil de ignorar, passar despercebida, mas quando faço parte de um grupo de pessoas gordas, minha existência cria uma sensação de ameaça que precisa ser esmagada. Naquele dia, senti que não só éramos punidos socialmente por sermos gordas, mas por gostarmos de nós mesmas o bastante para sermos vistas com outras cuja aparência era semelhante à nossa.

Em nossa cultura, as pessoas gordas estão habituadas a serviam de bodes expiatórios para ansiedades em relação aos excessos, imoralidade e uma relação de impulso incontido com o desejo e o consumo. A maioria das pessoas cresce acreditando em uma miríade de crenças preconceituosas sobre a inferioridade das pessoas gordas – e vendo essa criação fictícia como uma verdade natural. Eles não veem essas crenças como política, cultural ou pessoalmente problemáticas. Elas geralmente mal sabem que têm esses sentimentos. Só veem a gordofobia como parte da vida, da mesma forma como o oxigênio ou as nuvens fazem parte da vida. A cultura concentra muita energia em forçar as pessoas a permanecerem nesta triste posição de gordofobia inquestionável.

Dieta é uma prática de gordofobia.

Dieta é o resultado da gordofobia não resolvida. Ficamos apavorados com a ideia de nos tornarmos gordos porque entendemos fundamentalmente como as pessoas gordas são maltratadas. Transpomos esse preconceito para a gordura em si, em vez de botar a culpa onde deve realmente ser posta: na cultura que cria e promove injustiça e ódio em relação à gordura. Nós, assim, talvez sem querer, acabamos culpando as pessoas gordas pelo preconceito que estão sofrendo. Ainda que a gordofobia seja culturalmente difundida e tratada como se fosse uma parte totalmente normal do cotidiano, é importante reconhecê-la como uma forma de preconceito que realmente prejudica e magoa as pessoas, e, como tal, deve ser erradicado.

A ascensão concomitante da positividade corporal, da moda *plus size* e do uso de aplicativos fitness levou à quase extinção do termo "dieta". Porém, trouxe uma linguagem nova, mais específica e dinâmica. É o processo de transmutação de "fazer uma dieta" (ou seja, a restrição de calorias) em "cuidar da saúde".

Por exemplo, o *juicing* (alimentar-se de sucos), essencialmente uma dieta, não é um novo conceito. Nos anos oitenta, seus benefícios foram totalmente reduzidos a perda de peso. Mas hoje, em vez de chamá-lo de "dieta de suco" ou "dieta líquida", é simplesmente chamado de *juicing*, trazendo o termo para fora da área definida de perda de peso e o introduzindo em uma área cinza, onde o objetivo da perda de peso torna-se incerto ou plausivelmente negável. No entanto, se houvesse a crença de que o *juicing* tem benefícios incríveis para a saúde, mas leva ao ganho de peso, a prática perderia todo o apelo para as mulheres.

Embora a palavra "dieta", de certa forma, não esteja mais na moda, os mecanismos e as ideologias da dieta – todas as coisas que descrevi antes – permanecem, só que em uma linguagem mais difícil de entender. A linguagem usada para vender produtos dietéticos afastou-se da vergonha e do medo, e se aproximou de aspiração e otimização. Em vez de focar especificamente na perda de peso, existem mais referências à "saúde" e à ideia de que "saudável é o novo magro". Mas saiba disto: qualquer estilo de vida ou plano ou filosofia ou aplicativo que trata a perda de peso como um objetivo está pregando a dieta. Qualquer coisa que perderia o apelo se não levasse à aquisição ou manutenção de um corpo magro (ou mais magro) é uma dieta. E ponto final.

Eu sempre pergunto às pessoas se podem imaginar um único dia sem ouvir falar de calorias, sem que alguém se refira a batatas fritas como o demônio, sem se preocupar por um segundo sobre como algo tem muita gordura ou sem desejar ser mais magro? A maioria das pessoas responde que não.

E é isto que transforma a dieta, como um comportamento individual, na cultura da dieta: a inevitabilidade, a maneira como escoa imperceptivelmente em pensamentos e visões de mundo e interações, o fato de que as pessoas não podem desistir disso. Agora mesmo, apesar de saber como a cultura da dieta é violenta, absurda e desnecessária, não consigo sequer imaginar um mundo em que ela não exista a maior parte do tempo. E eu sou uma superfeminista, esperançosa, gorda e otimista, que se recusa a fazer dieta, usa blusinhas curtas e joias como as da senhorita Piggy.

A cultura da dieta é o casamento entre a multibilionária indústria da dieta (incluindo aplicativos de boa forma, pílulas de emagrecimento sem receita, drogas prescritas para suprimir o apetite, cirurgia bariátrica, academias e roupas de ginástica) e a atmosfera social e cultural que normaliza o controle do peso e o preconceito gordofóbico.

Não podemos discutir honestamente a cultura da dieta sem reconhecer que a gordofobia e a cultura da dieta caminham juntas, como leite e biscoitos. Muitas mulheres nunca fazem essa conexão, acreditando que não são magras o bastante devido a compulsões alimentares ou traumas não resolvidos, mas, muitas vezes, o cerne de sua ansiedade está em ser gorda. Nós devemos axiomaticamente rejeitar a ideia de que a gordura é apenas resultado de um trauma, uma doença mental ou um desequilíbrio. Essa narrativa é falsa. Nós devemos nomear a verdade, a fim de nos libertarmos dos medos que se enterraram em nossa mente.

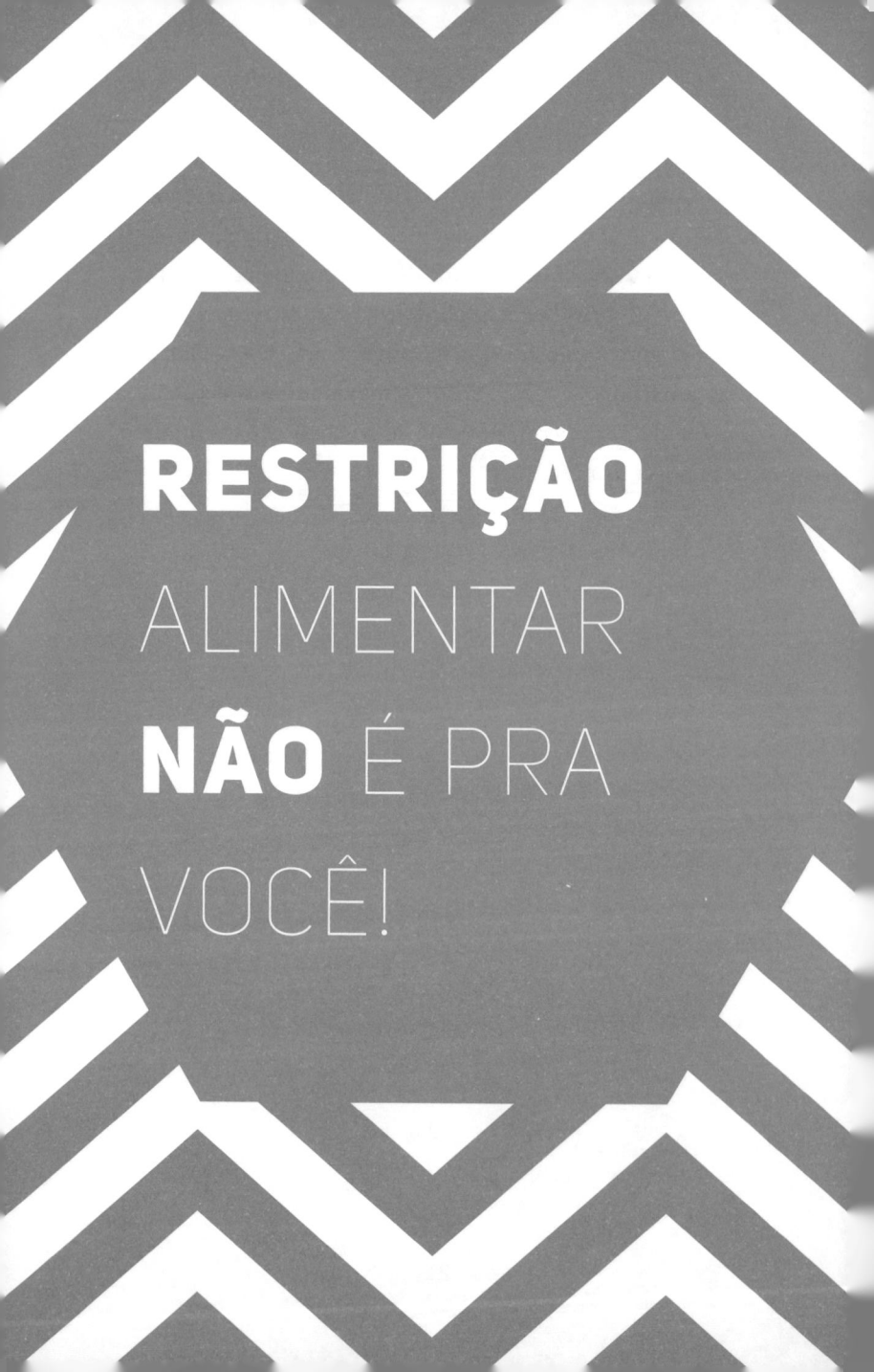

Por quase vinte anos estive em dieta. Restringia tudo que eu comia e tentava manipular a forma e o tamanho do meu corpo à base de exercícios. Cada mordida ou colherada de comida era como uma peça dramática encenada no palco da minha vida. Cada dia começava com uma sensação de decepção. Eu sentia que tinha falhado comigo mesma, com Richard Simmons e com o mundo como um todo. Lia artigos com dicas "fáceis" de dietas nas revistas *Woman's World* de minha avó. Ouvia entrevistas de "gurus da boa forma". Comia grapefruit. Assistia ao *Stop the Insanity!*, de Susan Powter, com o fervor religioso com que muitas pessoas acompanham os programas de evangelizadores. Dieta era a minha religião – e a minha salvação estava logo ali, virando a esquina.

Meu peso sofria flutuações frequentes, mas não muito expressivas. Mas eu nunca culpava as dietas. Nunca culpava Susan Powter. Nunca culpava *Woman's World*, nem o grapefruit. Eu culpava a mim mesma. Nunca me ocorria que a indústria da dieta mentia para todos, inclusive para mim. Que ela se aproveitava do fato de que nós, mulheres, nos culpamos pela forma como somos tratadas. A indústria da dieta usava palavras como "fácil" e "simples" para manipular as pessoas que fazem dietas e fazê-las acreditarem que, se suas orientações não geraram os resultados esperados, a culpa é nossa – nós não as seguimos da maneira correta.

A verdade é que, apesar de todas as promessas da indústria da dieta, paradoxalmente, a dieta leva ao ganho de peso ao longo do tempo. Vou dizer isso mais uma vez: ao longo do tempo, a dieta leva ao ganho de peso. E eu digo: não há nada de errado com seu aumento de peso. Mas a cultura diz outra coisa. Então, se a meta estipulada da magreza não está sendo, de fato, alcançada, o que está realmente acontecendo quando fazemos dieta?

A dieta não leva ao resultado que, teoricamente, deveria levar, mas acarreta um monte de outras coisas: baixa autoestima e diminuição do poder de negociação durante o ato sexual (há algumas evidências de que as mulheres gordas negociam o uso dos preservativos com menos frequência do que mulheres magras[1]). Pessoas gordas sentem mais ansiedade no dia a dia. Sentimos os efeitos de algo chamado "estresse de minorias" – as consequências negativas da discriminação, da crueldade e do ostracismo social para o corpo, ao longo da vida.[2] Esse estresse pode levar à supressão imunológica, diminuição da expectativa de vida e riscos à saúde cardíaca – não é coincidência que a indústria médica atribua algumas dessas mesmas ocorrências à gordura. Mais ainda: se todas miraculosamente alcançássemos o IMC (índice de massa corporal) recomendado pelos médicos da noite para o dia, despertaríamos, no dia seguinte, que a meta agora era outra. Afinal, o controle é o propósito supremo da cultura da dieta e da gordofobia. Mais até do que a conformidade.

Qual é a alternativa? Parar. Parar de ter pavor de ser gorda. Parar de marginalizar pessoas gordas. Reconhecer que nenhum corpo é superior ou inferior a outro. O cerne de tudo que acredito é dolorosamente óbvio e totalmente subversivo: cada pessoa, indiferentemente do peso ou da forma física, merece viver uma vida completamente livre de preconceito e discriminação.

Isso talvez soe muito simples, mas imagine, por um segundo, o que significa, de fato: que *você* teria acesso a todas as coisas que mais valoriza, não importando quão grande ou pequena *você* seja, se você é capaz de percorrer um quilômetro em oito minutos ou se nunca correu na vida. Sem reprimendas nem letras miúdas – somente você e sua vida, com nenhuma barreira no caminho por conta do peso ou da forma do seu corpo.

Isso significa que você não sentiria necessidade de mudar as medidas do seu corpo a fim de ser levada a sério por um parceiro romântico. Você não internalizaria os limites do seu corpo como um fracasso pessoal, porque não teria uma "moldura" ideal para o seu corpo – logo, não haveria uma comparação que resultasse em fracasso.

Isso significa que você não seria socialmente punida se ganhasse quarenta quilos, nem socialmente recompensada se perdesse quarenta quilos. (Acredito que haveria uma flutuação de peso bem menor sem a dieta da cultura e a gordofobia.)

Isso significa que, quando você fosse ao médico, não receberia um tratamento diferente, nem ninguém recusaria um atendimento apropriado, se você fosse gorda.

Isso significa que a comida seria despida de um significado moral, o que tornaria o ato de comer menos assustador. Você não se sentiria moralmente inferior se comesse tacos em vez de uma saladinha, já que o pudor de comer não seria uma questão.

Isso significa que, quando tivesse momentos importantes em sua vida, ninguém esperaria que você perdesse um monte de peso. Então você poderia se concentrar na alegria daqueles momentos importantes, em vez de ser distraída pela ansiedade.

Isso significa que a ideia de suar como uma louca em um espaço público cheio de máquinas de "boa forma", com o único intuito de perder peso não faria você se sentir como se estivesse se tornando uma "pessoa melhor."

Isso significa que o modelo de negócio atual da indústria das academias – que, na verdade, conta com aqueles membros que se inscrevem em janeiro e nunca usam a academia (é sério!) – não funcionaria.[3]

Você não se sentiria compelida a dizer que as batatas fritas são "o demônio". Seus colegas de trabalho não pechinchariam uma fatia menor de bolo de aniversário (você sabe, aquela pessoa que sempre diz "menor, menos, ai, bota menos"). Você não suaria frio sempre que passasse pela geladeira dos sorvetes no supermercado. E não renderíamos mais de sessenta bilhões de dólares por ano para a indústria da dieta.

Isso significa que, quando pensasse em como seria sua aparência no futuro, em suas fantasias, você teria as mesmas medidas que tem agora.

Isso significa que pararia de tentar ativamente controlar seu peso e simplesmente focaria em outras coisas – como a sua vida, o que e quem te faz feliz e as conquistas que quer alcançar.

Você pode começar a ver as maneiras como a gordofobia não é só a óbvia evitação do ganho de peso, mas também na forma como imaginamos momentos importantes e nosso eu no futuro. É meio assustador pensar em tudo isso porque, então, você terá que admitir quão persuasivo é o preconceito baseado nas medidas corporais e a gordofobia.

DIETA: FAMÍLIA, ASSIMILAÇÃO E BOOTS-TRAPPING

Ao crescer, tornei-me uma menininha gorda autoconfiante, mandona, ridícula e dramática. Se eu cismasse em fazer um show de 45 minutos de improvisação, no meio do jantar (claro, comigo como única protagonista), isso era visto como totalmente normal e, na verdade, até como um comportamento bastante louvável. Sempre fui excêntrica. Mamãe, vovó e vovô sempre foram muito antenados às tendências da moda. Mamãe sabia como personalizar peças: muitas vezes, comprava coisas como saias jeans e macacões em brechós, adaptava-os para versões do visual original, e, em seguida, aplicava floreios rendados e tinta puff para criar elaborados conjuntos rococós. Minha avó era um pouco mais reservada, mas curtia um bom floreio brilhante. Já velhinha, desenvolveu uma paixão pelos esmaltes de glitter da Daiso. Meu avô era um pavão – sempre se vestia com cores berrantes, como amarelo, verde, rosa e, às vezes, usava até mesmo estampas florais. Tinha dentes de ouro e um Ford Thunderbird 1993 dourado para combinar, que herdei quando ele faleceu, em 2015.

Minha família não é perfeita. Na verdade, minha família é bem disfuncional, mas sempre foi muito boa em fazer com que eu me sentisse a rainha do mundo. Cresci me sentindo adorada, de muitas maneiras. Meu apelido, quando criança, era *Reina* – "rainha", em espanhol.

Fui criada pelos meus avós, ambos imigrantes do México. Cresci aprendendo, por osmose, como alternar de um código linguístico para outro, a lutar pela sobrevivência, a transformar quinze centavos em um dólar e a amar a América, o capitalismo, sanduíches, Cap'n Crunch, Rainbow Brite, She-Ra, pasta de amendoim, Barbie, lanches de frutas e a cantar músicas que diziam que qualquer um poderia chegar à presidência.

Por toda a vida, acompanhei minha família praticando orgulhosamente o *bootstrapping*. A ideia por trás do *bootstrapping* é que, com determinação e dedicação, é possível atingir qualquer que seja seu objetivo. Este é um dos principais pilares da estética e da ideologia americanas.

É também um dos pilares da cultura da dieta.

Em muitas partes do mundo, o destino é algo que está além da influência dos seres humanos. Nos EUA, o destino é aquilo que cada pessoa semeia para si. O fracasso é um problema individual, não um problema coletivo, cultural ou político. A ideia é que, se você não tem algo, é porque não quer o bastante, ou não se esforça o suficiente. Embora o fascínio desse conceito seja inegável, não há muito espaço para algo como injustiça histórica nesta narrativa. Mas esta fantasia – o sonho americano – é, para muitos, como o canto da sereia. Foi o canto da sereia para minha família e para mim.

O *bootstrapping* é tão americano quanto a torta de maçã.

Meu avô foi um daqueles homens que nunca, na vida, faltaram a um dia de trabalho. Ele sabia o que os americanos pensavam dos mexicanos e sempre sentiu a pressão para que fosse muito melhor do que os demais. Usava colônia e passava gel no cabelo, estava sempre arrumadinho. Todas as noites, esfregava as unhas com um detergente concentrado, cujo uso não era indicado para a pele delicada de suas mãos (ou de humanos, em geral). Ele passava muito, muito tempo lendo livros e aprendendo novas palavras em inglês para tentar enganar a todos. Aceitava cada hora extra oferecida em seu trabalho. Era religioso, frequentava a igreja. Economizava muito, até que, com o dinheiro que juntou, comprou uma casa. Foi de zelador a químico-chefe na fábrica onde trabalhou por vinte anos. Ele era um "bom" mexicano. Era a evidência que qualquer um poderia começar em qualquer lugar e fazer algo de si. Mas o mundo exterior não via o quanto ele era atormentado, quantas vezes se preocupou e chorou em segredo e como se envergonhava de sua tristeza. Ele não falava sobre as ocasiões em que fora humilhado ou preterido por ter um sotaque. Vovô sentia muita raiva, mas a guardava para si mesmo e para as pessoas que mais amava – minha avó e nossa família.

De muitas maneiras, sua história de *bootstrapping* foi muito parecida com a minha. Fui entendendo aos poucos que era inferior aos outros por ser uma gordinha de pele marrom. As lições que recebi sobre a inferioridade do meu corpo gordo foram brutais, se comparadas às que recebi em relação à inferioridade racial e de gênero, que eram mais sutis. Mas ambas as educações eram reais, e, de certa forma, a brutalidade da gordofobia tornou mais fácil, para mim, reconhecer sua existência mais tarde. Tudo que eu queria era que as pessoas me tratassem como uma pessoa. Eu achava que, se me esforçasse o bastante, integraria-me à humanidade.

Cresci me esforçando ao extremo para só tirar notas máximas na escola e, assim, passar para as melhores faculdades e, então, trabalhar em um escritório e usar terninhos todos os dias (sucesso!). Não foi surpresa alguma quando o *bootstrapping*, para mim, apresentou-se na questão relacionada ao meu peso – eu tinha que me esforçar para tornar minhas medidas socialmente aceitáveis. A dieta se encaixava perfeitamente na narrativa americana preexistente de fracasso e sucesso como resultado de esforços individuais.

Pelo que entendi, meu peso era claramente um problema – *meu* problema. Aprendi que era minha responsabilidade resolver os meus problemas. Nunca ninguém me disse que algumas pessoas não gostam de gente gorda porque são preconceituosas, e que é responsabilidade delas resolver esse preconceito. O que me ensinaram foi que todos no planeta odeiam pessoas gordas, porque é uma verdade universal e inegável que as pessoas gordas são ruins. Apresentado dessa forma, eu não tinha espaço para entender o tratamento que recebia como antiético ou até mesmo estranho. Aceitei como a verdade, que sempre existira e que continuaria existindo. Só entendi que nossa aversão a pessoas gordas é socialmente construída quando comecei a pesquisar a história e a sociologia da gordura. "Gorda" e "magra" são categorias de "faz de conta", assim como "gay" e "hétero". Elas foram trazidas à existência para controlar as pessoas – e só para isso, nada mais.

A **DIETA** É UMA TÁTICA DE **SOBREVIVÊNCIA**

Eu tinha onze anos quando fiz minha primeira dieta "radical". Por mais que já restringisse o que comia há vários anos, essa experiência foi diferente. Embora eu me referisse a ela como uma dieta, na realidade, era inanição. Fiz isso durante o verão porque queria aparecer, no retorno às aulas, com um corpo totalmente transformado, como tinha visto em um filme estrelado por Tony Danza, *Não mexa com a minha filha.*

Tony era o pai solteiro de Katie, uma gordinha nerd. O filme já começa com ela se exercitando em seu quarto, vestindo calças de elastano e correndo sem sair do lugar. Está de óculos e usa aparelho ortodôntico. Ela é um azarão. Então, a namorada de Tony a ajuda a se transformar. Ela vai de feiosa a gostosa quando seus aparelhos e óculos somem. Depois de todos os seus treinos no quarto, o corpo gordo também desaparece. Ela tem todas as curvas desejáveis – bem do jeito que deixa os homens loucos de tesão. Todos os meninos que a ignoravam ou a tratavam mal passam a venerá-la. O corpo dela, antes fonte de pena e despeito, gera ciúme e desejo. Assisti àquele filme sem parar – como se, assim, tornasse aquilo real para mim. *Não mexa com a minha filha* era minha religião! Eu queria ser Katie. Eu queria despertar tesão em todos.

Esse verão foi muito importante para mim, pois simbolizou a possibilidade de uma transformação radical. Em vez de frequentar piscinas ou comer picolés, minha ideia de diversão era aproveitar o calor do Sol e a liberdade de não frequentar a escola para me dedicar inteiramente a emagrecer. Passei três meses comendo torradas e alface. Duas vezes por dia, botava a fita VHS de sessenta minutos de aeróbica no videocassete. Como não tinha um *step* de aeróbica, tentava mover o corpo da forma mais fiel possível e me agachava para que as coxas trabalhassem mais. Não perdi muito peso, mas mudei de tamanho muito rapidamente.

Fui ao médico da minha família para mostrar meu novo corpo. Dr. McCole sempre tentou incentivar minha perda de peso, dizendo-me que, quando eu emagrecesse, ele me deixaria namorar um de seus filhos. Eu costumava rir quando ele dizia isso, um pouco humilhada, mas ainda desejando o direito de fazer com que seus filhos me amassem. Quando me sentei na mesa de exame, ele me parabenizou pela perda de peso. Ele não me perguntou o que eu tinha feito para perder aquele peso. Ele não me perguntou o que eu estava ou não estava comendo. Não importava. Ninguém parecia se importar. Ele acreditava, como a maioria das pessoas, que quando uma mulher – ou menina – gorda perde peso, isso é *sempre* algo positivo, e que a forma como a perda acontece não importa.

Voltei para a escola pronta para receber elogios. Eu me sentia tão orgulhosa! Finalmente tinha feito o que todos me disseram para fazer. Finalmente tinha adotado as medidas radicais necessárias para a mudança. Para minha decepção, não foi bem assim. Claro, eu tinha perdido peso, mas não o suficiente. Para meu horror e surpresa, aos olhos de todos, eu ainda era a materialização de uma pessoa gorda. Era alta para minha idade e tinha seios. Ainda tinha queixo duplo e bochechas rechonchudas. Não parecia frágil nem estava magra. Eu tinha entendido mal, ou talvez a meta tivesse mudado novamente enquanto eu estava ocupada comendo torradas e fazendo exercícios.

Voltei a adotar a tática da inanição novamente no primeiro período da faculdade, enquanto morava no exterior. Desta vez, meu corpo estava mais debilitado por conta dos anos de desnutrição autoimposta. Não demorou muito para que eu adoecesse. Perdi meu senso de equilíbrio cerca de um mês e meio depois que parei de comer. Comecei a sentir tonturas e náuseas. Estava tão exausta pela falta de calorias que precisava me sentar e descansar frequentemente, e muitas vezes caía no sono. Uma vez, sentei-me em um banco público a um quarteirão do meu apartamento porque estava tão cansada que não consegui chegar em casa. Despertei no meio da noite, as ruas já estavam vazias. Eu estava sozinha e aterrorizada em outro país, que mal conhecia. Na verdade, quase perdi meu voo de volta para os Estados Unidos porque adormeci enquanto esperava para embarcar no avião. Estava a cerca de cem metros do balcão. Aparentemente, já tinham chamado meu nome no alto-falante, mas não ouvi. Quando acordei, corri até a porta. A comissária de bordo me lançou um olhar severo e reprovador por atrasar o processo de embarque. Lembro-me de pensar que ela não fazia ideia de como eu estava cansada e que talvez, se ela soubesse que eu estava fazendo o melhor que podia, não teria sido tão desagradável comigo.

Meu corpo não reagiu à dieta da forma como pensei que deveria reagir. Todo mundo diz que é simples: calorias entram e calorias saem. Uma realidade matemática e objetiva. Mas isso não parecia se aplicar ao meu caso. E, desde então, descobri que não se aplica ao caso de muita gente. Na época, pensei que meu corpo tinha me traído. Pus na cabeça que eu era fraca, e meu corpo, defeituoso, porque não consegui alcançar o que considerava o tamanho "ideal". Percebo agora que fiz meu corpo passar por um processo abusivo. Tratava meu corpo como algo inútil, por não ter a aparência que supostamente deveria ter. Foram anos até que eu percebesse que meu corpo realizava coisas miraculosas o tempo todo – o modo como meus pulmões metabolizavam oxigênio, a maneira como meu fígado limpava meu sangue, o fato de que meus olhos podiam detectar um milhão de cores. E só quando me permiti apreciar o que meu corpo era capaz de fazer que percebi o quanto o tinha subestimado.

Enquanto pensava em escrever este livro, percebi como a palavra "sobrevivência" é adequada quando se discute a cultura de dieta. A dieta em si é uma tática de sobrevivência – uma forma de tentar assumir o controle, uma maneira de comunicar à cultura que você entende o que é esperado de você, e que está disposta a agir obedientemente para atingir essas expectativas. A obediência envolve reconhecer que as probabilidades estão contra você, e que você não tem outra opção a não ser se submeter.

Pela minha experiência, acredito que as mulheres não fazem dieta porque querem, mas porque se sentem obrigadas. E esse senso de obrigação gera uma enorme angústia.

INFERIORI-DADE
INTERIORIZADA E **SEXISMO**

Em 2016, pela primeira vez na vida, tentei explicar a relação entre sexismo, dieta e complexo de inferioridade para um grupo de pessoas. Especificamente, eu tentava explicar que o complexo de inferioridade é parte do sexismo, e que a cultura da dieta se alimenta desse sentimento de inferioridade. Foi enquanto eu dava uma palestra sobre cultura de dieta para um monte de estudantes do Ensino Médio, em Menlo Park, na Califórnia. A maioria das jovens mulheres presentes se inclinou para a frente, na cadeira, com uma expressão que só posso chamar de "alguém-finalmente-está-falando-a-verdade". Notei que quando falo sobre o sexismo inerente à cultura da dieta e à gordofobia, estou simplesmente pondo em palavras uma sensação que a maioria das mulheres já tem.

Então quero que você me imagine em um pequeno palco, com um pódio, meu PowerPoint atrás de mim e um bando de adolescentes de dezesseis anos esperto demais na minha frente – especialmente meninas, mas alguns caras também.

Eu disse a eles que se eu perguntasse a cada mulher ali se ela se sentia inferior, haveria uma boa chance de que a resposta fosse não. Elas talvez até zombassem, como se eu estivesse fazendo uma pergunta ridícula. Imagino que se eu fizesse a mesma pergunta à mulher americana média nascida depois do movimento de libertação das mulheres, a resposta seria a mesma.

Então provoquei ainda mais:

– Talvez você não se sinta conscientemente inferior, mas e se eu fizesse algumas perguntas menos objetivas, como: "Hoje você está vestindo algo que é fisicamente desconfortável porque acredita que essa roupa melhora sua aparência? Hoje você deixou de comer algo que queria comer porque estava preocupada com o que esse alimento poderia fazer com a sua aparência? Hoje você se recusou a fazer algo que queria fazer porque estava preocupada com o que outra pessoa pensaria a seu respeito? Hoje você se negou a ceder ao impulso de dizer não ou sim para algo que importava para você, porque temia que alguém não gostasse se fizesse tal coisa?".

Eu disse às jovens mulheres que me ouviam que, se eu tivesse que arriscar um palpite, seria que responderam "sim" a várias perguntas – se não todas. No entanto, todas essas perguntas envolviam crenças de inferioridade subentendidas. Como podiam responder "não" à pergunta sobre inferioridade e responder "sim" às perguntas acerca de seu engajamento em comportamentos baseados em inferioridade? Vi alguns professores concordarem com a cabeça. As jovens pareciam um tanto atordoadas, e eu estava muito ocupada fazendo contato visual profundo com cada uma delas para perceber como os caras estavam reagindo. Mas arrisco dizer que se sentiam irritados por eu ter revelado algo que agora dificultaria suas futuras relações com as mulheres no recinto. Ou estavam navegando no Reddit*. É sempre complicado ter homens defensivos presentes quando revelo os mecanismos secretos do patriarcado. Eles frequentemente não entendem o próprio papel na opressão das mulheres, porque é um processo muito naturalizado para eles.

– A inferioridade pode ser simplesmente descrita como a ideia de que alguém ou algum grupo de pessoas não é bom o bastante, ou digno o suficiente, em todos

---

* O Reddit é um site de mídia social muito popular nos EUA, no qual os usuários podem divulgar ligações para conteúdo na Web. (N.E.)

os momentos, sem condições ou ressalvas. Quando uma ideia se torna parte da visão de mundo e do sistema de crenças de alguém, isso é chamado de "interiorização". Uma das formas como a inferioridade interiorizada se manifesta é a crença de que você deve fazer algo para merecer as coisas que realmente quer. E essa crença é o cerne da cultura da dieta – falei.

Expliquei que demorei muito tempo para entender o que era a inferioridade interiorizada e como se manifestava. É muito difícil desaprender ideologias que se baseiam na inferioridade (como fazer dieta), sem primeiro reconhecer que você tem sentimentos de inferioridade. A lição que aprendi naquele dia, ao observar a reação daquelas jovens, foi: às vezes, a verdade não está aparente.

Quando eu estava aprendendo como ser uma boa pesquisadora, ensinaram-me a importância de fazer as perguntas certas. Às vezes, fazer a alguém a pergunta mais óbvia ou explícita não é a melhor maneira de chegar a uma crença real.

Então, como é se sentir inferior?

Quando eu era nova no ativismo, estava convencida de que, se tivesse sentimentos não resolvidos de inferioridade, eu absolutamente, sem dúvida alguma, saberia disso. Pensei que seriam óbvios, como os sintomas de um resfriado ou aquele peso no estômago que sinto ao ver alguém que realmente odeio enquanto estou despretensiosamente comendo cachorro-quente com chili e curtindo a vida.

Acontece que não é tão simples assim.

Quando eu estava no último ano da faculdade, decidi produzir uma série de monólogos com mulheres. Montei um elenco e orientei todo o processo de escrita e produção. Cada pessoa foi incentivada a escrever um monólogo sobre qualquer tópico que quisesse. Escolhi escrever sobre minha relação com meus seios – especificamente, meus mamilos. Tenho mamilos marrons, e por muito tempo senti muita vergonha disso. Lembro que, certa vez, acabei ficando com um condutor de trens em um vagão vazio, no último trem de volta para o meu bairro. Quando exibi meus seios, ele exclamou, com adoração efervescente:

– Meu Deus, seus mamilos são tão escuros!

Quando ele disse isso, senti minhas bochechas queimarem profunda e inexplicavelmente.

Percebo agora que eu havia interiorizado a ideia de que mamilos rosados eram normais e bonitos, e que meus mamilos marrons não eram normais nem bonitos. Na época, não entendi aquilo como uma manifestação do racismo interiorizado e da educação que recebi, calcada na superioridade branca. Pensei que apenas era um capricho, ou um problema pessoal.

Quando estava escrevendo o roteiro para o meu próprio monólogo, uma parte de mim entendeu que esse era um problema cultural mais profundo, e que eu era uma evidência disso, mas eu mesma não me permitia enxergar. Não conseguia admitir aquilo. Eu me considerava muito inteligente e superior aos meios de comunicação de massa ou influências culturais para me deixar enganar. Acreditava que a vergonha que sentia estava acontecendo em um vácuo, quando, na verdade, não estava. Minha ansiedade em relação às partes do meu corpo que me classificavam como uma mulher negra não era um acidente. Desde a infância, fui ensinada que os traços e feições brancos eram mais atraentes do que os escuros. Só foi mais difícil de perceber porque ninguém veio diretamente até mim e disse: "Você é inferior porque não é branca".

Pelo contrário, a educação era mais sutil, mais prolongada e mais obscura. A educação sobre a minha inferioridade não acontecia em um lugar, mas em toda parte. Paradoxalmente, isso fez com que fosse mais difícil enxergá-la.

Muitas vezes, nosso senso de inferioridade está escondido de nós – ou em nós. As manifestações da nossa ideologia de inferioridade podem até ser agradáveis. Como a sensação de excitação ao ouvir alguém dizer que você perdeu peso. Ou o orgulho que você sente ao resistir à tentação de comer algo com açúcar. Ou a alegria que talvez sinta quando, após realizar as etapas para tornar seu corpo mais socialmente aceitável, alguém por quem você se sente atraída finalmente a nota.

Muitas mulheres não acreditam que o sexismo ainda exista. Logo, não podem conceber que o sexismo as afeta. E eu as compreendo. Nem sempre entendi o valor do feminismo, porque não sabia como a misoginia se revelava e não enxergava como aquilo afetava minha vida. Não sabia *como* procurar os sinais de misoginia em mim e no mundo ao meu redor. Os sinais vividos em gestos e sentimentos, como a ideia que tinha de que expressar raiva era "pouco atraente", ou a forma como eu era muito mais paciente com os erros dos homens do que com os das mulheres. Mas eu não conseguia apontar para uma única pessoa ou incidente e dizer: "É isso. É isso que está me magoando".

Muito disso tem a ver com o fato de que a linguagem e significado tornaram-se cada vez mais distintos. O sexismo se estruturou como um conjunto profundamente codificado de comportamentos que são difíceis de acessar se você não sabe como enxergá-los. Talvez sejam necessárias educação e linguagem específicas para revelar o comportamento sexista. É comum que esta linguagem crítica seja taxada como suspeita, excessivamente intelectual, ou um produto de fantasia paranoica.

Culturalmente, nosso contexto requer mais recursos do que nunca para reconhecer a opressão. Você deve ter acesso a mais conhecimento e a uma compreensão mais sutil da linguagem para ser capaz de identificar suas novas manifestações. Como o conhecimento é mais especializado e não é óbvio para todos, a pessoa que identifica e aponta a opressão é taxada de "vítima profissional". Mulheres escutam exaustivamente que o sexismo é coisa do passado:

– Lá vem ela com aquele papo...

Sendo assim, ser capaz de identificar e apontar o sexismo pode prejudicar relações sociais e, até mesmo, profissionais.

É importante reconhecer que houve avanços legais conquistados pelas feministas. Mulheres têm mais direitos e acesso do que as gerações anteriores sequer sonhariam, e certos comportamentos evidentemente sexistas são recriminados. Produzimos mudanças nos comportamentos, como as mulheres terem o direito de frequentar um local de trabalho livre de assédio. Isso é uma coisa maravilhosa. Mas os misóginos aproveitaram e manipularam o espaço que restou além das manifestações mais óbvias de opressão.

É excelente estarmos protegidas de discriminação sexual escancarada, mas como o sexismo não foi erradicado (só foi litigado), agora as mulheres carregam o fardo de provar que o sexismo ainda acontece. Muitas mulheres se recusam a falar porque têm um medo legítimo do ostracismo.

É importante perceber que o comportamento sexista evidente só acontece onde há uma crença arraigada na inferioridade das mulheres. Um dos desafios para as feministas é que nós, como uma cultura, legislamos o comportamento evidente. No entanto, sua ideologia pode permanecer intacta. Isso não é resultado de uma falha da nossa parte, mas do obstinado compromisso que os misóginos têm com a nossa desumanização. Ideologias da opressão são mais escorregadias do que os direitos. Elas são difíceis, quando não impossíveis, de legislar. Fico pensando sobre as centenas de outras formas como nós, mulheres, somos expostas a esse novo sexismo "silencioso" todos os dias.

Penso em como os atendentes na cafeteria da minha rua são mais amigáveis e mais afetuosos quando uso um decote generoso (sim, eu testei!). Isso me lembra que sempre é esperado de mim que eu seja sexualmente desejável. E há uma expectativa de performance da feminilidade extraespecial sobre mim, porque sou uma mulher gorda e minha grandeza sempre faz com que os outros questionem meu gênero.

Penso sobre como é esmagadoramente maior a quantidade de homens que tuítam grosserias, desejos de morte e me assediam online, e que fazem o mesmo com outras feministas.

Tenho que lutar contra o impulso de comunicar submissão quando, em âmbito profissional, preciso de algo de um homem hétero. Sei que o flerte é esperado por muitos homens quando se trata de oportunidades profissionais. Às vezes me vejo fingindo um interesse sexual por eles, para que se sintam seguros de seu controle sobre mim, mesmo quando estou pedindo coisas que me darão mais liberdade financeira.

Penso no quanto odeio sair em encontros, por causa do quão exaustivo é lidar com o desejo patológico dos homens de arrancar o poder de mim. Começa com o palavreado do meu perfil. Tenho que decidir entre ser honesta ("sou uma feminista gorda") e não receber resposta alguma, ou optar por floreios que anunciam o fascínio sexual e que descrevem minhas qualidades físicas e intelectuais como bens consumíveis que melhorarão a vida do potencial parceiro ("sou uma gordelícia articulada e peituda"). Uma vez que estejamos vendo um ao outro na vida real, há um novo campo minado a se cruzar. Se quero apenas sexo, então ele quer mais. Se não quero apenas sexo, é sinal de carência. Descobri que não importa o que quero, porque a maioria dos homens só quer o oposto do que eu desejo. Trata-se de controle.

Da porção de espaço que os alunos de graduação ocupam até o *manspreading*** que testemunho durante o trajeto, meu corpo gordo é frequentemente atacado com o argumento de que não sou bonita o suficiente para existir, porque *aparentemente* esse é meu dever como mulher. Penso nos comentários condescendentes que recebo de homens on-line, que me dizem sinceramente que acham que eu seria linda se perdesse peso – como se esse fosse o objetivo da minha vida. Penso sobre as mil formas como esperava-se tacitamente (e às vezes nem tanto) que as mulheres da minha família desistissem de suas vidas, seus sonhos e desejos, para que se tornassem babás glorificadas dos homens em suas vidas, que queriam um legado, mas não a responsabilidade de criar os filhos. Penso na maneira como as mulheres devem se tornar mães, desistindo da vida pessoal e se tornando objeto de desdém e pena, enquanto os homens são elogiados por ter "*dad bods*" – a barriguinha do pai de família.

Os homens se sentem no direito de controlar o que as mulheres comem – até mesmo das mulheres que eles não conhecem. Emma Gray escreveu um artigo em 2014 para o *Huffington Post* sobre um estranho homem

---

** Quando os homens se sentam com as pernas abertas, ocupando mais de um assento em locais como transportes públicos e consultórios. (N.T.)

gritando, enquanto ela saía de uma loja de *frozen-yogurt* em Nova York:

– Ei, garota, você não devia comer isso. Vai ficar gorda![3]

Ela considerou o comentário uma manifestação do direito percebido pelos homens de controlar e intimidar mulheres em público, e do direito percebido por esse estranho de controlar a aparência futura dela.

Quanto mais confiamos em nossos instintos e experiências, mais fácil é identificar o sexismo. O desafio, claro, é que as mulheres são sistematicamente ensinadas a não confiar nos instintos ou experiências. Uma das primeiras vezes em que me lembro de ter sido aconselhada a me questionar foi durante a infância, quando me disseram que eu não estava com fome, e eu estava. Fui ensinada, quando criança, que não podia confiar no meu corpo, porque minha mente podia me enganar. Disseram-me que eu deveria questionar as demandas do meu corpo por comida, e me perguntar se eu não estava, na verdade, entediada ou cansada. Essa foi uma das minhas primeiras lições de insegurança.

Quando somos empurradas para situações em que duvidamos de nossa experiência da realidade, isso se chama *gaslighting*. O *gaslighting* aparece muito na cultura da dieta. Existem verdadeiros problemas culturais – como sexismo, vergonha do corpo, gordofobia e miríades de injustiças com que muitas de nós lidam o tempo todo – e, no entanto, somos informadas repetidas vezes pelas narrativas cotidianas que esses problemas residem dentro de nós.

O verdadeiro problema é que as mulheres estão com raiva, e somos treinadas a transformar essa raiva interior em vergonha. E ainda nos dizem – e nós acreditamos – que o problema é o nosso corpo.

O verdadeiro problema é a cultura da dieta, e ainda nos dizem – e nós acreditamos – que o problema é a nossa incapacidade de sermos magras.

O verdadeiro problema é que vivemos em países que promovem o preconceito baseado no tamanho, e ainda nos dizem – e nós acreditamos – que o problema é que não somos saudáveis o bastante.

O verdadeiro problema é uma cultura que usa o peso como um indício de humanidade e moralidade, e ainda nos dizem – e nós acreditamos – que o problema é que não comemos corretamente.

O verdadeiro problema é que as mulheres não sentem que podem comer o que querem, usar o que querem, viver como querem. E ainda nos dizem – e nós acreditamos – que podemos consertar essa crise existencial controlando o tamanho de nossas porções.

O verdadeiro problema é que nossa cultura é mantida por uma matriz maldosa de sexismo, racismo, misoginia, transfobia, preconceito contra deficientes, doença da saúde e classismo que corrói a saúde física, espiritual e mental de *todas* as pessoas. E ainda nos dizem – e nós acreditamos – que o problema é que não estamos nos esforçando o bastante.

A cultura da dieta ensina às mulheres que precisam perder peso por qualquer meio necessário, reduzindo-nos a meros corpos que estão ou não em conformidade com os padrões definidos externamente. Isso é desumanização pura e simples.

Para dizer claramente, a dieta é um pouco como alguém que mija na sua perna e, em seguida, diz a você que está chovendo. Exceto que é mais como alguém que caga no seu rosto e, em seguida, te pede dinheiro, e depois vai para a sua casa e sistematicamente caga em tudo de valor. Aí, bota fogo nessa casa cheia de merda – que já foi preenchida com o som de risos e amor – e culpa você por isso.

A dieta é o resultado da crença de que não merecemos viver uma vida de acordo com os nossos próprios termos, e essa crença é tão arraigada e abrangente que afeta até mesmo cada colherada de comida que consumimos.

OS **CARAS**

♥

MAGREZA: **HETERO-MASCULINI-DADE** E RAÇA **BRANCA**

Quando eu ainda estava no ciclo do peso, ser magra representava um monte de coisas para mim. Mas especialmente representava o acesso aos homens heterossexuais e à heteronormatividade, que eu interpretava como "amor". Esse desejo me custou muito caro. Eu via meu corpo como a única moeda de troca que eu tinha para conseguir amor. Fiz tantas coisas destrutivas com o meu corpo... e acho que realmente queria destruí-lo – para me destruir. Eu me exercitava até a exaustão. Eu me recusava a comer as coisas que amava. Eu ficava tão nervosa em ganhar peso ao comer, que enjoava o tempo todo. Passei quase dez anos me sentindo enjoada. Estive, por muito tempo, em relacionamentos com homens que não ligavam se eu estava desnutrida e infeliz.

Aos dezoito anos, eu estava em um encontro com um vendedor de trinta e oito anos (casado, mas isso ele esqueceu de mencionar) chamado Cameron. A gente tinha se conhecido em um serviço telefônico de encontros. Ele tinha alguma semelhança com Mel Gibson na época de *Coração Valente*. Ou talvez ele apenas tenha dito isso tantas vezes que acabei acreditando.

Nós estávamos em um restaurante. Ele pediu um filé de costela, que comia com entusiasmo. Eu me lembro de me esforçar muito para parecer linda. Durante esse verão, eu trabalhei na Mervyn's, e gastei todo o meu salário e meu desconto de vendedora para comprar roupas novas para os nossos encontros. Naquela noite, eu usava uma calça cargo branca desconfortavelmente apertada e uma camisa verde que encontrei na área para adolescentes. Na altura dos meus seios, estava escrito "sabor em dobro". Ele me disse que gostava quando eu me vestia "como uma adolescente", e eu queria agradá-lo. Ele gostava de dirigir comigo por São Francisco e me contar sobre todos os restaurantes onde o gerente, o dono ou o maître o conheciam. Eu, que vinha de um subúrbio pequeno e isolado, ficava genuinamente impressionada com todos aqueles nomes. Tinha criado o hábito de tentar ser discreta, pedindo um prato pequeno ou simplesmente comendo do prato do meu companheiro. Talvez naquela noite eu estivesse particularmente animada, porque estávamos em um restaurante chique no Financial District. Eu queria pedir meu próprio prato, em vez de ficar sentada olhando para o dele. Eu disse que queria pedir alguma coisa. Ele parou, com a faca e o garfo na mão, e suspirou.

– Para que pedir, se você não vai comer? – perguntou em um tom exasperado. E voltou a comer.

Eu me senti muito envergonhada. Era como se houvesse uma expectativa silenciosa de que fizesse o necessário para permanecer do meu tamanho – mas, de preferência, cada vez menor. Eu estava me esforçando tanto, e a refeição (independentemente de eu comê-la ou não) simbolizava o reconhecimento dele de todo esse meu empenho. A refeição representava o cumprimento da compreensão recíproca de nossos respectivos papéis de gênero: fiz o meu trabalho como mulher ao não comer, e esperava que ele fizesse o papel dele e me comprasse um presente. Fiquei ainda mais constrangida porque, se ele tinha notado que eu nunca comia, então eu estava falhando em esconder minha dieta. A máscara tinha caído e ele sabia, o tempo todo, que eu estava tentando muito ser bonita. Minha dieta era um ato de serviço, mas era subentendido que jamais poderia parecer um esforço. Mais ou menos como uma garçonete nunca deve deixar transparecer que não está se divertindo.

Para mim, o romance hétero era uma história tão fantástica quanto a dieta. Eu queria que minha vida seguisse determinados pontos de uma trama, e pensei que, controlando meu peso, eu controlaria a narrativa.

Deixando de lado o romance, é importante reconhecer que a misoginia e os homens têm um papel enorme na manutenção da gordofobia.

Em vez de reconhecer a multiplicidade da expressão feminina e do poder feminino (independentemente da atribuição de sexo ao nascimento, capacidade, tamanho, a presença ou ausência de modéstia ou dinheiro), as mulheres em busca da magreza tornam-se cúmplices de sua própria desumanização e, portanto, tornam-se agentes da misoginia.

Há alguns anos, eu estava jantando com uma das minhas melhores amigas e um monte de amigos dela. Nós nos sentamos à grande mesa em sua sala de jantar, passando pratos de vegetais assados cobertos de queijo de cabra, bebendo vinho tinto e falando de uma lista de tópicos superficiais. Preciso contar que odeio jantares com pessoas respeitáveis. Gosto de jantares com meus amigos, que frequentemente falam sobre sexo anal e a última vez que alguém teve a ousadia de ser absolutamente básico em público. Esse grupo, em particular, manteve a conversa do jantar focada em tópicos seguros: clima, viagens recentes, sucessos na carreira e eventos, como casamentos, bebês ou a casa própria. Escutei tudo com um interesse antropológico e levemente escarnecedor.

Depois da sobremesa, as pessoas começaram a ir embora e ficamos apenas eu, minha amiga e uma outra mulher. A terceira mulher era elegante, inteligente, arrebatadora e encantadora. Ela era engraçada e tinha um cabelo incrivelmente brilhante. As piadas rapidamente se transformaram em uma conversa franca, quando ficamos um pouquinho mais alcoolizadas. Ela admitiu para a gente que estava pensando em desistir de seu doutorado em uma instituição de elite. Parecia realmente chateada, arrasada com aquilo, porque amava o doutorado.

Nós perguntamos por que ela desistiria de algo com que se importava tanto. Ela nos disse que realmente queria um relacionamento e uma família com um homem, e que isso sempre fora um problema devido ao fato de ela ter um metro e oitenta de altura. Agora que se aproximava dos trinta anos, estava entrando em pânico. Tentara se relacionar, mas descobriu que a combinação de sua altura com seu nível de educação atuara como um "golpe duplo". Ela teve encontros em que homens disseram a ela, sem rodeios, que ela era "muita areia pro caminhãozinho deles". Infelizmente, ela havia chegado à conclusão de que, embora não pudesse mudar sua altura, podia fazer algo quanto a ter ou não um doutorado.

Sempre que penso nela sinto vontade de chorar. Imagino que a história dela não seja incomum. Em busca de romance, as mulheres vivem se rebaixando estrategicamente, especialmente em relacionamentos heterossexuais. Acho que o que tornou aquela noite especial foi a disposição dela em falar sobre o assunto.

Pedi a ela que não largasse o doutorado, e deixei clara a compaixão que sentia por ela. Disse que eu entendia a história dela, provavelmente muito mais do que poderia imaginar. Nós éramos mulheres grandes – de maneiras distintas – que tentavam se conectar profundamente com caras heterossexuais, em uma cultura extremamente distorcida. Nunca mais a vi, e não sei se ela abandonou ou não o doutorado. Às vezes lamento não ter dito com veemência que ela estava errada em sua visão dos homens. Mas não o fiz porque eu sabia que ela não estava.

Somos ensinadas que os homens são a chave para a felicidade e realização. Temenos que, sem o casamento heterossexual e a gravidez, não nos tornaremos pessoas importantes, ou "verdadeiramente" adultas. Esse nexo entre desejo e medo é um terreno fértil para comportamentos autodestrutivos, como a dieta. Em vez de aprender que você merece amor simplesmente por ser uma pessoa, você aprende que o amor é algo que as pessoas devem conquistar por meio de métodos socialmente sancionados. Para muitas mulheres, esse método é o controle de peso.

É importante reconhecer que os homens se tornam tanto substitutos da aprovação cultural quanto os aplicadores da normatividade, embora eles mesmos também estejam sujeitos às realidades do nosso paradigma opressivo de gênero. Muitas vezes, são eles que ensinam a mulheres e meninas que seu bem-estar emocional, profissional e romântico depende de relacionamentos com os homens.

A misoginia se manifesta de diferentes formas, dependendo da posição do seu corpo no esquema sexista. Deixe-me ser bem clara: todas as mulheres são subjugadas. Mulheres magras são tão desumanizadas quanto as mulheres gordas, mas muitas vezes parece que não. Mulheres muito magras estão posicionadas em cargos mais públicos (como esposas e namoradas), enquanto mulheres gordas estão em posições mais privadas (como amantes e ou namoradas secretas).

Mesmo entre as mulheres gordas, existem variações no tratamento baseadas em comportamento e *status* social. Uma mulher gorda cisgênero provavelmente recebe um tratamento diferente do dispensado a uma mulher gorda que é trans. E pelo fato de, tanto mulheres gordas cis, quanto mulheres gordas trans serem extremamente marginalizadas, relacionamentos com mulheres gordas cis ou trans são muitas vezes mantidos em sigilo. Mulheres gordas trans experimentam a violência que existe no nexo de sexismo, gordofobia e transfobia. A raça é outro fator atenuante. Quanto mais leve, mais culturalmente valorizada você é. Então, a pele branca ou clara pode suavizar o viés negativo do sobrepeso, enquanto as mulheres de pele escura podem sentir maior hostilidade devido à combinação de racismo e gordofobia.

Mulheres gordas que estão dispostas a aceitar sua posição cultural como inferior são tratadas de maneira diferente do que as mulheres gordas que são politizadas. Por exemplo, tenho sido gorda toda a minha vida, mas meu sobrepeso era fonte de menos ansiedade antes de que eu me tornasse uma feminista gorda. Antes de me tornar uma feminista gorda, eu estava disposta a trabalhar mais para "compensar" minha posição social inferior. Realizava mais esforços sexuais. Não estabelecia limites. Eu me desculpava frequentemente pelo meu peso e aceitava a culpa quando meus parceiros e outros criticavam meu corpo. Quando aprendi como me defender e estabelecer limites, ter um relacionamento se tornou muito mais desafiador, mesmo que o fato de eu já ser uma mulher gorda antes de minha introdução ao feminismo não tenha mudado depois.

O que devemos perceber é que não é a magreza que está sendo erotizada. O que está sendo erotizado é a submissão que a magreza representa em nossa cultura. A magreza é uma característica secundária. O verdadeiro bem é a disposição das mulheres em se submeter ao controle cultural.

O controle do tamanho corporal das mulheres está relacionado ao controle sobre a vida das mulheres. Essa reivindicação por controle é baseada em fantasias de superioridade masculina, reforçada pela cultura. Esse controle não se aplica apenas à magreza.

Sobrepeso e magreza significam coisas diferentes em lugares diferentes. Neste momento, enquanto você lê este livro, há lugares em nosso mundo onde as mulheres estão sendo ritualisticamente engordadas para se tornarem mais romanticamente competitivas. Em partes da Mauritânia e do Níger, acúmulos de gordura e estrias são considerados o auge da beleza feminina.

Assim como as mulheres no Ocidente se comprometem com métodos desconfortáveis – e às vezes prejudiciais à saúde – para se tornarem cada vez mais magras, essas mulheres às vezes são alimentadas à força ou consomem medicamentos para ganho de peso indicados para animais, a fim de se encaixarem em um ideal de beleza radicalmente diferente, embora igualmente prejudicial. Li sobre antropólogos europeus e americanos na Mauritânia que não acreditaram no que viram na primeira vez em que testemunharam mulheres nessas áreas sendo tratadas em clínicas para ganho de peso. Elas vestiam mais roupas antes de entrar na balança, para que parecessem mais pesadas, em vez de remover as vestimentas, como fazem as mulheres no Ocidente.

Os anos que passei sendo ensinada sobre a gordofobia pelos meus colegas, conforme o preconceito crescia, e depois pela mídia, destruíram meu senso de individualidade. Na época em que os meninos na escola me ensinavam que minha maior realização na vida seria perder peso suficiente para sair com um deles, eu não tinha ideia do que realmente precisava ou queria. Tudo que restou da minha personalidade deslumbrante e boba era um desejo de nunca me sentir uma estranha novamente. Ser estranha, mandona, teatral e curiosa sempre foram as melhores coisas em mim. Mas aquelas qualidades atraíram atenção, e atenção era emocionalmente perigosa. Tudo o que sobrou foi uma menina traumatizada, desesperada por aprovação e sem senso algum de seus próprios encantos. Foi pelas mãos dos meninos da minha idade que aprendi que eu era inútil. A justificativa era que eles não me achavam desejável e, para eles, isso era uma ofensa passível de punição.

Paradoxalmente, eu não revidava por pensar que era a culpada pelo comportamento deles.

Eu estava convencida de que poderia controlar o comportamento deles e fazer com que tudo melhorasse se me tornasse a materialização do que eles achavam bonito. O que eles estavam tentando me ensinar eram as lições que muitas meninas e mulheres aprenderam antes de mim:

- É permitido que homens e meninos ensinem conformidade com expectativas sociais de desejabilidade a mulheres e meninas sem o nosso consentimento.
- É permitido que homens e meninos usem sistemas de aprovação e desaprovação sexual e emocional para confirmar a superioridade masculina e as ideologias de controle – oferecendo atenção sexual e romântica às mulheres e meninas cujos corpos estão em conformidade com os padrões sociais de beleza enquanto isolam ou punem socialmente aquelas cujos corpos não atendem a esses padrões. Ambos os comportamentos são baseados em desumanização.

Esses comportamentos criam um intenso sentimento de dependência da aprovação masculina, que é avaliada exclusivamente por meio do interesse sexual e romântico. Isso leva à baixa autoestima, o que facilita coisas como distúrbios de alimentação e a cultura do estupro.

A misoginia trabalha em conjunto com a supremacia branca para construir uma população de mulheres complacentes e fáceis de manipular, a fim de satisfazer as necessidades opressivas da cultura e o estado em que elas existem atualmente.

É importante reconhecer que o desejo de ser magra é, na verdade, parte da motivação para ser compatível com as atuais expectativas ocidentais de submissão e cidadania de segunda classe feminina. Esse modelo de submissão feminina é profundamente embasado na raça branca. A feminilidade branca tem historicamente desempenhado um papel de conluio na manutenção da supremacia branca e do heteropatriarcado, agindo como uma espécie de cunha, ou de terceira intermediária, que solidifica o poder intermediado entre homens brancos influentes e todos os restantes. Esse acordo custou às mulheres brancas a cidadania plena, e a cidadania de segunda classe é a manutenção do atual paradigma de gênero e raça.

Quero terminar este capítulo com uma constatação preocupante. Quando trabalho com mulheres que querem parar de fazer dieta, muitas vezes fazemos muito progresso emocional até chegarmos ao romance. As mulheres que imaginam passar a vida ao lado de um homem ou que são parceiras de uma pessoa que não é gorda são mais propensas a voltarem a fazer dieta.

As mulheres homossexuais ou cujo parceiro é gordo são menos propensas. Isso não quer dizer que não existam mulheres heterossexuais com parceiros incrivelmente positivos em relação ao sobrepeso, ou que não existam *queers* que experimentam a gordofobia em seus relacionamentos. Essa constatação é baseada em observação, mas não deixa de ser expressiva.

Uma única feminista não é capaz de reparar o legado de misoginia que continua a habitar e destruir nossas vidas. O que posso dizer é que você não está sozinha em sua decepção entorpecedora nem em sua (ocasional? constante?) sensação de desesperança. Você não precisa se submeter às forças sexistas que trabalham para que você se diminua – metafórica e literalmente.

A **GORDO**FOBIA É A NOVA LINGUAGEM DO **CLASSISMO** E DO **RACISMO**

Não há escassez de exemplos no que se refere às formas como as pessoas gordas criam ansiedade cultural. Não é por acaso que pessoas gordas são sub-representadas no local de trabalho, academicamente e nas mídias de massa. Quando estamos visíveis, somos retratados como não muito inteligentes, carentes em graça ou complexidade, inerentemente divertidos, abjetos e sexualmente insaciáveis ou indesejáveis. Quase não há pessoas gordas em representações do futuro, assim como pessoas com deficiência, trans e /ou negras.

O tamanho do corpo tem algumas conexões realmente convincentes com a ansiedade cultural em relação à classe, à raça e ao gênero. Discussões e sentimentos sobre esses tópicos foram transpostas em discussões e sentimentos sobre pessoas gordas. Quero falar sobre as conexões entre a gordofobia e classe, raça e gênero usando o exemplo de uma campanha lançada em janeiro de 2012, na Geórgia.

A Children's Healthcare of Atlanta lançou uma campanha tática de intimidação, cujo alvo era a "obesidade infantil", chamada Strong4Life. Eles compraram espaço publicitário em *outdoors* e na televisão. Os anúncios traziam imagens desoladoras de crianças com um ar infeliz. Destacando-se dos tons de preto e branco das fotos, a palavra ATENÇÃO cruzava a barriga delas em letras vermelhas, maiúsculas e em negrito. A reação contra a campanha foi rápida, mas a palavra estampada nos corpos daquelas crianças criou uma janela para algumas das ansiedades menos articuladas sobre pessoas gordas e as formas como a retórica da obesidade se torna uma substituta para outras ansiedades culturais.

Esses anúncios fizeram o que a cultura faz o tempo todo com as pessoas gordas. Essas crianças foram desumanizadas pelo desejo de usar seus corpos para contar uma história sobre um problema culturalmente percebido. Sua complexidade é achatada e tornada invisível por meio do preto e branco. Além disso, suas expressões infelizes concedem a elas um tom de advertência. Na verdade, há uma advertência a todos em relação àquelas crianças, como se o sobrepeso delas fosse contagioso. Esse estilo de publicidade alarmista sutilmente evoca a ansiedade de que a gordura é transmissível pela proximidade com pessoas gordas. Esse medo ilógico de contágio é parte do motivo pelo qual pessoas gordas são socialmente marginalizadas.

O que achei mais interessante nesses anúncios foi a história que cada um deles contava sobre classe, raça e gênero. Tenho absoluta certeza de que a pessoa que os bolou não tinha intenção de desvelar um conjunto complexo e cheio de nuances de ansiedades culturais, mas é essa inadvertência que os torna tão poderosos. A verdade se revela, se você sabe como enxergá-la, e me entristece que eu tenha precisado de anos de estudo sobre teorias quase inescrutáveis para poder decifrar a verdade em meio a um monte de linguagem indireta e confusa.

Havia quatro anúncios no total. Vou descrever e analisar três deles.

A primeira imagem é de um garoto gordo, pré-pubescente e branco, com uns dez anos. Ele veste uma camisa polo escura, apertada e desabotoada e jeans escuros. Suas mãos estão em seus bolsos, seus ombros inclinados para trás. Ao longo da barriga dele, há uma linha de texto que diz: "A prevenção ao sobrepeso começa em casa e na fila do bufê", o que fala indiretamente com os pobres e as pessoas da classe trabalhadora, e direta e especificamente com as mães. Você não vai encontrar pessoas de classe alta em bufês, porque eles estão em desacordo com a prosperidade e a moderação tão valorizados pela classe alta. A ideia de moderação sugere que "menos é mais" e que comer tudo que se quiser é um sinal da imoralidade e da falta de disciplina que caracteriza os pobres indignos. Moderação é um conceito que as pessoas pobres geralmente não podem adotar, porque a máxima "menos é mais" não é literal. A moderação só é divertida ou louvável quando a ameaça de perda ou de insuficiência real não faz parte do panorama. Quando você está sem dinheiro, "menos" é muito negativo e, muitas vezes, algo aterrorizante. "Menos" não é uma escolha, mas uma realidade física que tem consequências materiais e emocionais.

A clientela de bufês é, em grande parcela, composta por trabalhadores e pessoas pobres que estão maximizando com sucesso os orçamentos, obtendo o máximo valor possível para o mínimo de dinheiro. Essa decisão econômica é intuitiva, e, de fato, é o conceito de moderação que é controverso. E esse anúncio fala sobre pobreza, para as pessoas da classe trabalhadora, ao mencionar a fila do bufê, enquanto cria a negação do preconceito baseado em classes por meio da recusa em se dirigir diretamente às pessoas pobres.

Além disso, eles estão falando especificamente – embora não explicitamente – para mulheres, porque sabemos que, pelas estatísticas, as mulheres ainda são as grandes preparadoras e fornecedoras de refeições para as crianças. Em parte, essa desproporção na parentalidade vem do fato de que as mulheres ganham menos dinheiro e, para um casal hétero, faz mais sentido econômico que o cônjuge que ganha menos dinheiro fique em casa. Em parte, essa desproporção na parentalidade vem da percepção de que alimentar as crianças é trabalho do gênero feminino, porque faz parte da criação e do cuidado. Mais uma vez, não há uma referência explícita às mulheres nos anúncios, mas por conta da realidade do sexismo, a mensagem é claramente destinada às mães.

Essa referência ao "bufê" se dirige às mulheres da classe trabalhadora, sem dizer, de fato: "Queridas mulheres pobres, parem de alimentar seus filhos de uma maneira aparentemente intuitiva. Sua parentalidade é tóxica para seus filhos".

O segundo anúncio mostra uma menina gorda e branca, pré-adolescente, também por volta dos dez anos. Ela tem cabelos castanhos e longos e está vestindo uma camisa listrada de manga comprida e jeans. Sua expressão carrancuda contrasta com a maneira como as meninas brancas são geralmente retratadas na mídia popular. Os braços estão cruzados sobre o peito, os ombros ligeiramente curvados. A frase: "Às vezes é bem difícil ser uma garotinha" está estampada na barriga dela, contando uma história sobre ansiedade de gênero, questionando (inadvertidamente) se uma garota gorda é mesmo uma garota.

A ansiedade de gênero no cerne dessa ideia é muito familiar para mim, porque cresci me sentindo no limiar entre a masculinidade e a feminilidade. Cresci ouvindo que eu era uma menina, e ainda assim, por causa do meu tamanho, o comportamento dos meus colegas em relação a mim se alinhava mais à masculinidade. Em casa, eu assistia a filmes que me mostravam que as meninas são tratadas como flores delicadas e frágeis, e meninos são tratados com rudeza. Na escola, eu era tratada como um garoto grande e durão, não como uma flor. Então, por exemplo, quando eu brincava com outras meninas, muitas vezes reproduzíamos cenas de *O clube das babás* ou de outros livros ou programas que curtíamos. Na hora de interpretar os parceiros românticos, eu sempre representava o menino, sem questionar. Nós nunca sequer discutimos isso, porque era tacitamente entendido que os meninos eram maiores do que as meninas, e eu era maior do que todo mundo, portanto, era a escolha óbvia para interpretar o garoto.

Eu me lembro que, durante a quarta série, todos os dias, no almoço, minha melhor amiga Lorna e eu reencenávamos o romance entre Mary Anne Spier e Logan Bruno de *O clube das babás*. Eles eram o único casal duradouro na série de livros, e todas as meninas que eu conhecia queriam desesperadamente ser Mary Anne. Eu queria desesperadamente ser Mary Anne, não apenas porque eu era uma católica extremamente reprimida e cheia de desejo, mas também porque eu queria provas de que eu era desejável.

Lorna era uma nerd chinesa que usava óculos, e eu era uma nerd mexicana que usava óculos. A diferença mais marcante entre nós eram minhas medidas avantajadas. Eu queria TANTO ser Mary Anne, mas nunca, nenhuma vez sequer, sugeri que trocássemos de papéis. Eu tinha medo demais para que a verdade fosse assumida a todos. Eu sentia a rejeição, mas temia o que aconteceria se realmente disséssemos o que havia para ser dito. Então, todos os dias eu fingia ser um menino. Eu ia buscá-la, fazia com que se sentisse pequena e bonita. Adotava um sotaque sulista, como o que Logan tinha. Guardava para mim mesma meu desejo e minhas vontades mais vulneráveis, para que a história fosse crível.

Então, quando vi esse anúncio pela primeira vez, foi um golpe. Ele ressoou dentro de mim. É difícil ser garotinha, se você não é. O sobrepeso desafia a obsessão cultural com diferenciação sexual, o gênero binário, e a ideia de que as mulheres precisam ser claras e visivelmente distinguíveis dos homens. Mulheres gordas têm corpos maiores e, muitas vezes, mais força por conta disso. Homens gordos podem ter seios maiores e corpos mais macios.

O tratamento cultural aos corpos de homens gordos centra-se fortemente na retórica sexista. Homens gordos geralmente são considerados femininos. Notei que muitos exemplos de gordofobia direcionados aos homens (embora certamente não todos) têm a ver com a ansiedade de que homens gordos são percebidos como femininos. Então acredito que é o profundo ódio cultural do feminino que levam a *alguns* dos casos de gordofobia que homens vivenciam.

Ao pesquisar esse fenômeno para um artigo, notei três temas que nos direcionam para a ansiedade sexista sobre os corpos dos homens gordos. Primeiro, havia ansiedade sobre a feminização química, a preocupação de que o sobrepeso aumente a conversão de testosterona em estrogênio. Em um artigo da *Salon* intitulado "Sex Researchers: 'Size' Does Matter*" cujo subtítulo sugere que um estudo mostrou que os homens mais gordos duram mais tempo na cama, Judy Mandelbaum diz:

---

* "Pesquisadores sexuais dizem: o 'tamanho' importa, sim" (tradução livre). (N.T.)

"Homens com excesso de gordura apresentaram taxas maiores de estradiol, um hormônio sexual feminino. Essa substância aparentemente confunde as substâncias químicas dos neurotransmissores masculinos naturais, e retarda sua progressão para o orgasmo. Ironicamente, *quanto menos masculinos os corpos deles parecem, melhores amantes provam ser*."[2] Não são discutidos outros fatores que possam ter influenciado o estudo.

Em segundo lugar, havia ansiedade em relação ao sobrepeso impedir a visibilidade dos genitais masculinos. A ideia de que homens gordos não podem encontrar seu pênis ou são, de outra forma figurativa, castrados pelo sobrepeso, é um meme popular – que chamo de "castração gorda".

Finalmente, encontrei ansiedade expressa em relação a homens gordos desenvolvendo seios. Em um artigo da *Men´s Health* sobre "banir suas 'tetinhas'", o autor escreve: "Você provavelmente ama um grande par de seios – desde que você não seja quem os ostenta."[3] A linguagem traça paralelos entre a heterossexualidade compulsória, masculinidade e tamanho corporal de uma só vez – sutilmente policiando os limites da sexualidade ao salientar que apenas as mulheres devem ter seios, e que os homens devem ser atraídos por eles. Se você tem "tetinhas", então torna confusa a bifurcação culturalmente sancionada entre homens e mulheres. Além disso, como o sobrepeso é processado como uma escolha individual no discurso cultural popular, é um tabu para um homem optar por uma apresentação de gênero mais feminina, já que a feminilidade é degradada pela misoginia.

Então, quando vejo esse anúncio da Strong4Life, vejo algumas das mesmas projeções de ansiedade sobre gênero no corpo dessa menina. Também vejo o papel da feminilidade branca na construção do gênero, e o jeito como a garota gordinha e branca do anúncio cria tensão entre a feminilidade ideal e personificação do sobrepeso.

O tom do palavreado muda no terceiro anúncio, que retrata uma garota gorda e negra. Ela deve ter onze ou doze anos, e parece ter acabado de entrar na puberdade. Está vestindo uma camisa justa e branca com jeans. Seu cabelo preto vai até a altura dos ombros e é puxado para trás por uma bandana branca. As mãos dela estão nos bolsos. Seus ombros se curvam um pouco para a frente. Os lábios estão franzidos, o que diferencia sua feminilidade da demonstrada pela garota branca. A linguagem se torna mais pessoal em seu anúncio, e o escopo da mensagem, menor: "O sobrepeso pode ser engraçado para você, mas está me matando". O único anúncio entre os três que faz referência à unidade individual, ao *eu*. A sutil mudança na linguagem – da terceira à primeira pessoa – parecia ter algum significado, mas eu ainda não dispunha das palavras para articular o porquê. Pedi à minha amiga Sirius Bonner, que, além de consultora em diversidade e equidade, é uma mulher gorda e feminista negra que mora em Portland, que compartilhasse comigo o que pensava ao observar a imagem. Ela me disse:

– Mulheres negras e gordas têm um lugar muito particular na consciência pública. São consideradas inerentemente bem-humoradas. O uso da palavra "engraçado" é outra referência a esse "humor inerente" às mulheres negras. A mudança da terceira pessoa para a primeira leva a conversa para fora do plano universal, lembrando o observador da relação binária entre branco e preto.

Ela apontou que corpos brancos podem ser vistos como representativos de todas as pessoas, mas, em nossa cultura, a mesma versatilidade não é concedida aos corpos negros.

Olhei para a imagem depois de falar com Sirius e vi que o sobrepeso da menina se tornou um veículo para alavancar uma crítica contra os negros em geral. Pelo palavreado usado, seu corpo gordo é algo que implica sua comunidade. Por meio da referência a "você", o observador é chamado a participar do ato racista de culpar e patologizar pessoas negras em nome da saúde pública.

A ideia por trás dos anúncios é que ser gordo é uma aflição que põe a vida em perigo, e que as pessoas gordas devem ser evitadas porque são vetores de doença e morte.

Agora mesmo, nossa cultura iguala o sobrepeso à mortalidade e a problemas de saúde, mas, a fim de entender essa questão por uma perspectiva de justiça social, devemos ampliar o panorama e permitir que a complexidade entre em nosso campo de visão. Quando analiso a literatura sobre o assunto, encontro furos gritantes no processo de dedução.

Há evidências convincentes de que o racismo mata pessoas. Há evidências convincentes de que viver com o estresse da pobreza leva a uma série de desafios à saúde mental. Há evidências convincentes de que a discriminação leva a níveis elevados de estresse e ansiedade que suprimem a função dos principais órgãos. E há evidências de que a gordofobia leva à diminuição da expectativa de vida.[4] Mas o racismo, a pobreza e o preconceito baseado no peso são todos os problemas sociais. É a partir de narrativas de culpabilização da vítima que classificamos questões sociais como individuais, que podem ser resolvidas com *bootstrapping* e consumismo. Infelizmente, essas "soluções" são apenas mecanismos de sobrevivência, na melhor das hipóteses. Conforme nos comprometemos com elas, só nos aprofundamos mais e mais na mesma opressão da qual tentamos escapar.

O QUE **APRENDI** NOS PRIMÓRDIOS DO **GORDA**TIVISMO

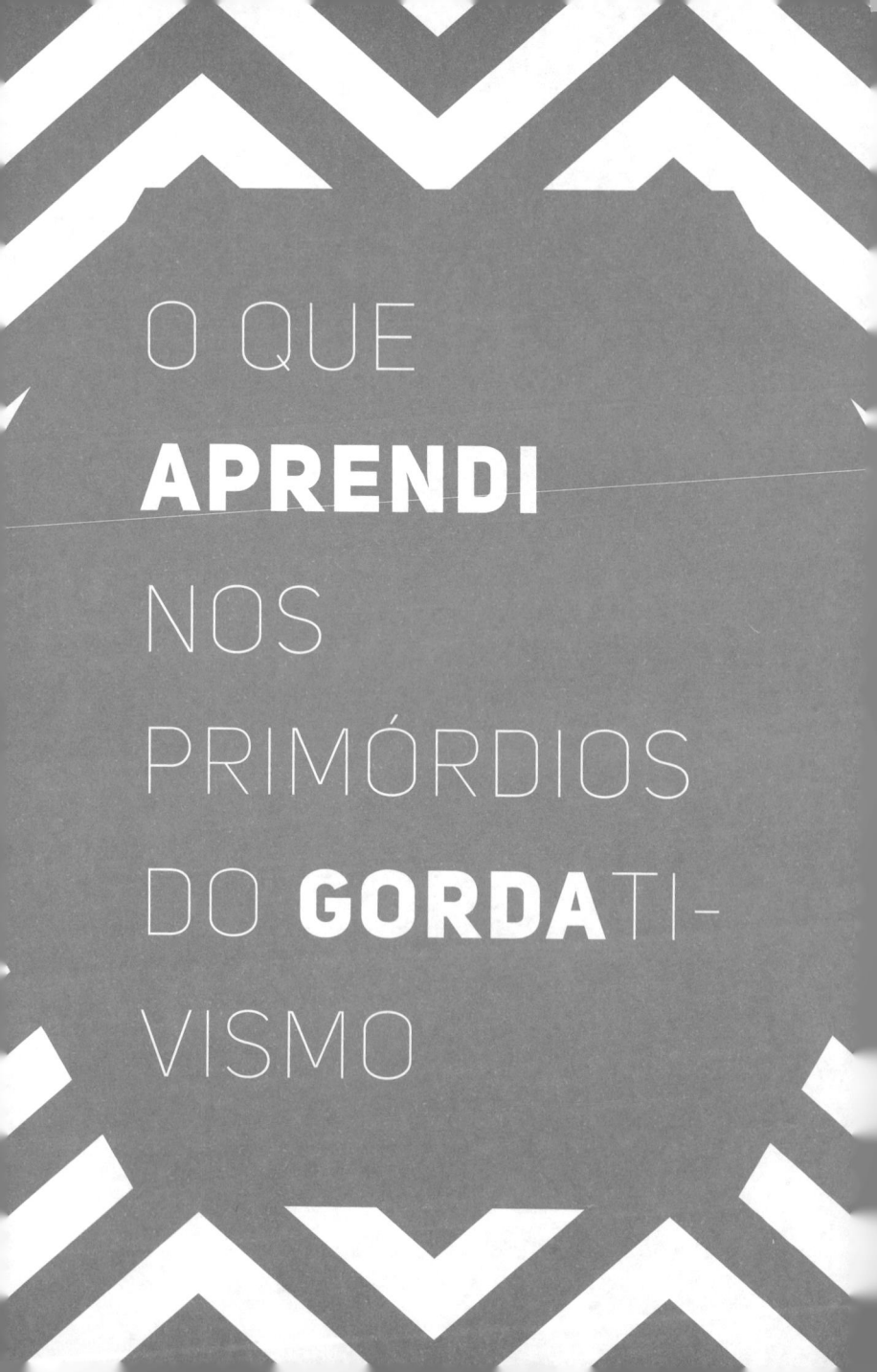

Fui apresentada ao ativismo gordo em 2010, durante meu mestrado em Estudos da Sexualidade. Eu estava entrevistando mulheres gordas sobre como seu tamanho afetava o desenvolvimento de seu gênero. Na época, o mundo do gordativismo era pequeno. Notícias viajavam rápido, apresentações eram ansiosamente feitas e havia uma sensação quase elétrica em tudo aquilo.

Ainda que o feminismo gordo tenha raízes na política lésbica e judaica dos anos 1960, essa interação do movimento gordo foi, em muitos aspectos, uma ramificação extravagante e irreverente que apenas começava a ganhar espaço. Todas no planeta que estavam fazendo qualquer coisa visível em relação à política gorda se conheciam. Havia pequenos movimentos na área da baía de São Francisco, na região centro-oeste, no noroeste do Pacífico, em Nova York, no Canadá, no Reino Unido e na Austrália. Mais tarde, eu conheceria ativistas gordas no México, no Chile, na Itália, na Áustria e na Nova Zelândia. O boca a boca do gordativismo fez com que alguém descobrisse que eu estava pesquisando o sobrepeso e, de repente, comecei a ser apresentada a ativistas gordas, que me apresentavam a pessoas que conheciam, que também recomendavam livros. A introdução mais memorável e impactante aconteceu quando alguém me perguntou:

– Você já ouviu falar da conferência Nolose?

Respondi que não e perguntei o que era. Soube que se tratava de uma conferência para *queers* gordas. Eu tinha que ir. Então, algumas semanas depois, lá estava eu em um trem e, depois, em um ônibus, em direção a um hotel em Oakland.

Eu não tinha ideia do quão importante seria estar naquele ônibus. Eu era uma garota nova, tímida, levemente desmazelada, que estava prestes a ter sua maldita mente explodida em uma cidade nova. Arrastei minha triste mala azul-marinho pelo concreto, ao longo do jardim de rochas decorativo, propriedade do hotel adentro, ajeitando os óculos no nariz o tempo todo.

Enquanto percorria o passadiço, ouvi o som de mergulhos e risos de mulheres. Eu podia sentir o cheiro do cloro da piscina. E então os vi: um grupo de gordas lindas. Nunca tinha visto mulheres gordas em um grupo como aquele. Nunca tinha visto mulheres gordas em trajes de banho fofos. Nunca tinha visto mulheres gordas, em trajes de banho fofos, descansando, boiando e conversando em público, em uma piscina. Havia gordinhas boiando na água, em cadeiras, bronzeando-se, elogiando outras gordinhas, lendo ao lado da piscina. Fiquei paralisada ao vê-las – sem culpa alguma, vivendo alegremente. Eu nunca tinha visto mulheres como elas – mulheres como nós – vivendo sem qualquer traço discernível de vergonha. Eles estavam fazendo o que eu acreditava que pessoas gordas jamais poderiam fazer.

E então, surgiu uma *high femme* ruiva. Ela vestia um maiô vermelho com bolinhas brancas, vintage, e enormes óculos de sol estilo gatinha. Os fartos seios, barriga e coxas mal eram contidos. E atrás dela vinha um menino, que segurava um guarda-sol sobre a cabeça dela para que não se queimasse. Ela tinha o glamour de uma estrela de cinema, e um corpo que não era tão diferente do meu.

Naquele momento eu me converti. Eu me entreguei ao estilo de vida ultramegafodão e gordo ao vê-la. Nela, enxerguei a possibilidade de uma vida completamente diferente. Foi como naqueles filmes adolescentes de transformação, só que em vez de meu corpo mudar, foi outra coisa que aconteceu. Percebi, depois de anos de dieta, que eu estava tentando mudar a coisa errada. Eu não precisava mudar meu corpo, mas a maneira como eu me sentia em relação a ele.

Quando fui apresentada ao ativismo gordo, era um movimento político única e estrondosamente *queer*. Pessoas gordas, e as necessidades de pessoas gordas, estavam no centro da política. O movimento tinha uma estrutura antiassimilacionista que achei familiar e maravilhosamente provocativa. Questionávamos impiedosamente noções como "saúde" e "boa forma", e falávamos sobre as formas como as pessoas gordas eram ameaçadoras, porque desafiávamos as tramas heteronormativas (embora não usássemos esses termos exatos).

A libertação era central nas conversas que eu testemunhava ou das quais participava. Havia um reconhecimento de que "aceitação" não era um resultado desejado, porque a absorção em uma cultura racista, patriarcal e gordofóbica que sistematicamente desumanizava alguém não era exatamente uma "vitória". A aceitação era como casar com aquele cara que na escola te chamava de porca gorda, todos os dias, durante quatro anos. Então, depois de oito anos, quando você se torna linda (porque, enquanto não vivia sob o reinado da violência emocional dele, você teve espaço para descobrir roupas que adorava e adotar um corte de cabelo incrível), ele te chama para sair. E você aceita, porque está tão traumatizada que só pode enxergar a violência dele como amor. Certo?

Conforme o ativismo gordo começou a ser eclipsado pela positividade corporal, houve um distanciamento da estrutura de libertação, em prol da assimilação. Acho que posso dizer, o mais amorosamente possível, que a positividade corporal ganhou e continuará a ganhar impulso com o seu recém-descoberto foco. Como uma mulher hétero e cisgênero, entendo honestamente o encanto profundo e hipnótico da assimilação. Quanto mais próxima você se vê do acesso à cidadania ideal, mais difícil é querer algo maior e melhor. Mas o ativismo gordo me ensinou que ser aceita pelas mesmas pessoas que fizeram com que eu me sentisse menos que humana não é o suficiente. Então, por que me acomodar?

Ao longo dos anos, comecei a frequentar mais e mais espaços de positivismo corporal e menos espaços de ativismo gordo. Minha deriva não foi intencional, mas sei que foi facilitada por vários fatores: minha heterossexualidade, meu acesso à educação superior, minha capacidade de alternar o código linguístico em espaços neutros, meu acesso a publicações e o interesse em ser publicada, meu temperamento alegre, o desejo e a capacidade de rentabilizar meu trabalho e a semelhança de meu tamanho e forma com os de outras pessoas gordas. Há muita ambivalência em tudo isso, mas o importante é que essa transição foi, honestamente, surpreendente em aspectos fundamentais.

Em primeiro lugar, dentro do movimento de positividade do corpo, as demandas eram muito mais difíceis de decifrar. Eu não sabia ao certo pelo quê o movimento lutava, embora tivesse certeza de que não era por libertação. Igualdade? Encontros mais legais?

Rapidamente descobri que não era por acaso que eu não tinha ideia de quais eram as demandas. O movimento de positividade corporal usava o silêncio para falar mais claramente com a cultura de massas. As regras da feminilidade afirmam que não é "feminino" fazer exigências ou definir limites. É por isso que feministas são muitas vezes masculinizadas e consequentemente demonizadas. Então, a escolha de não esclarecer as demandas concerne à disposição em sacrificar direitos e a liberdade para a manutenção de uma construção opressiva. Ao tentar decifrar o silêncio, lembrei-me das lições que minha avó costumava me dar sobre como lidar com homens. O silêncio era uma ferramenta muito poderosa. O silêncio, segundo minha avó, era a resposta apropriada ao abuso verbal ou à insatisfação sexual, até mesmo à coerção. Silêncio era o antídoto para uma briga. Para fazer com que um homem pague seu jantar, em vez de pedir, você deve *não* pedir. Aprendi a me levantar da mesa no fim de um encontro, para que nao tivéssemos a conversa em torno do pagamento e da dinâmica de poder que vive no núcleo dessa discussão.

O silêncio é uma tática de gênero e altamente racializada.

Foi o silêncio no movimento da positividade corporal que permitiu que se ganhasse impulso. Se não há nada claramente articulado, então não há nada para violar, não há necessidade de responsabilizar ninguém se não há nada a se atribuir responsabilidade.

Em segundo lugar, o desejo de liberdade era menor do que o de absorção. Comecei a notar que havia uma preocupação real com comportamento prescritivo de gênero. Após anos convivendo com mulheres que lutavam contra o opressivo arquétipo da Susie Sunshine, comecei a sentir que essas mulheres não queriam ser indelicadas, não queriam levantar a voz, mas fazer avanços políticos com abraços e requintados almoços profissionais. Era a feminilidade branca. E mesmo que nunca tenha sido em voz alta, seu comportamento indicava um compromisso com o *status quo*, que era inacreditável para mim, especialmente depois de ter passado quase uma década em espaços *queer* feministas.

Uma incrível quantidade de energia foi gasta na tentativa de garantir que todas fossem legais e não ameaçadoras. Conversas sobre prestação de contas foram rapidamente descartadas como pequenas manifestações de grosseria. Discussões sobre história e ideologia política foram classificadas como terrivelmente intelectuais. E, pela primeira vez, havia mulheres defendendo dietas e perda de peso. Como evitavam conversas difíceis, era impossível falar abertamente com elas. É importante deixar claro que essa performance de feminilidade e gentileza brancas é só isso – uma performance. Por mais engomada, polida e embelezada que essa performance seja, em seu núcleo estão a noção de submissão e a ideia de que por meio dela podemos manter certos privilégios.

Em terceiro lugar, as demandas (quando eu conseguia decifrá-las) pareciam muito, muito menores. Conforme fui das pessoas *queer* organizadas para as mulheres cis organizadas, fiquei chocada ao descobrir que o escopo de demandas mudou drasticamente, de um claro desejo articulado por direitos humanos a um desejo implícito de acessar o privilégio. As *queers* que conheci no gordativismo eram orgulhosamente politizadas, tendo passado anos – e às vezes décadas – aprendendo sobre opressão e sendo descaradas em sua busca por justiça. As mulheres heterossexuais que comecei a conhecer eram mais politicamente recatadas. Preocupavam-se em evitar que as considerassem más e rejeitavam outras mulheres que julgavam "hostis" em suas posições políticas. Elas queriam um movimento que fosse gentil e de apoio, e não com nuances emocionais ou que apontasse responsáveis.

Eles pareciam querer, principalmente, roupas que gostassem, acesso mais substancial ao romance heterossexual e o direito de declarar que eram radicais, sem que sua verdadeira política importasse. Roupas e romance sempre foram partes realmente importantes dos diálogos dentro do ativismo gordo, com certeza. Mas as demandas e expectativas políticas não começavam nem terminavam aí. Percebi que as organizações das mulheres heterossexuais tinham expectativas perigosamente baixas.

Infelizmente, conclui que no cerne de sua indiferença em relação à liberdade ou à libertação estava sua proximidade com os homens. Em alguma parte delas, sabiam que seu relacionamento com os homens mudaria se admitissem a verdade – que os homens desempenhavam um papel primordial na manutenção de seu *status* de subjugadas. Eu queria poder dizer que elas temiam que, uma vez que admitissem a verdade e apontassem os responsáveis, o desejo de estar perto de seus parceiros atuais ou potenciais mudaria. Mas a verdade era que elas temiam que, se falassem a verdade, os homens não quisessem mais estar com *elas*. Elas se tornariam aquelas mulheres "difíceis" que rejeitavam antes. Elas ainda se importavam com os homens. Muitas se importavam com homens que ainda nem tinham conhecido, homens que esperavam encontrar no futuro.

A heterossexualidade evita, há muito tempo, que as mulheres se organizem e exijam não só o que é delas, mas também o que é certo e justo. Nosso temor e nossa dedicação nos mantêm reféns. Eu mesma não sei como conciliar meu futuro pessoal heterossexual com a realidade de uma *queer* politizada e antiassimilacionista. Mas sei que a liberdade é o único caminho. E que para que eu possa apoiar qualquer movimento, a libertação coletiva deve ser uma demanda fundamental.

QUANDO **SONHO** COM O MEU **FUTURO**, ME VEJO **GORDA**

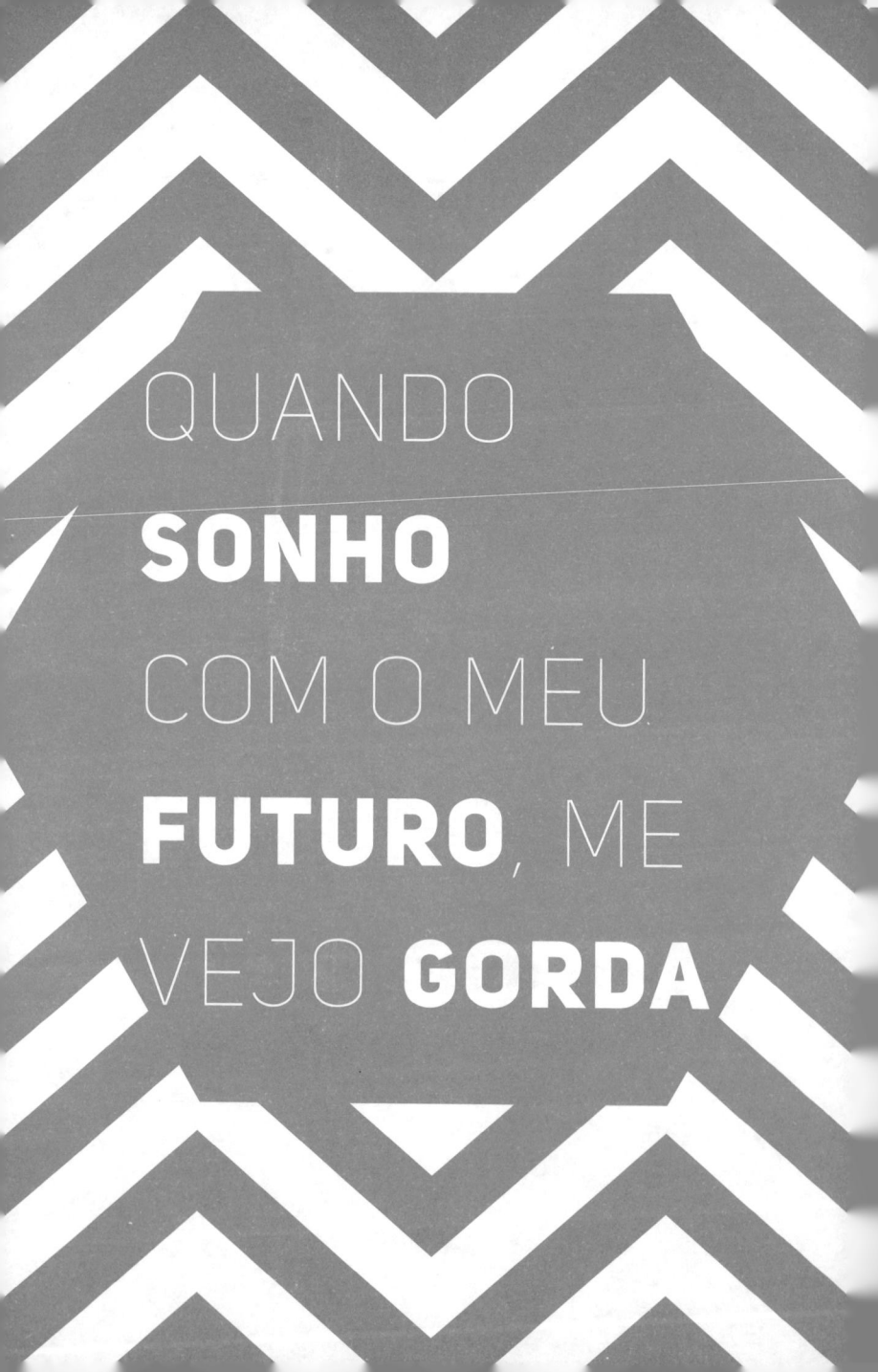

Sou muito boa em escrever anúncios pessoais. Sei que a era do anúncio já passou há muito tempo, mas sempre amei a ideia de uma primeira interação linguística, antes da visual. No reino do romance digital, a linguagem é usada de forma muito pragmática, de acordo com os resultados esperados. As pessoas tendem a se concentrar em estatísticas, medidas, desejos, metas e paixões. Meus anúncios são menos como listas e mais como manifestos confessionais completos. Toda distância e suspeita que demonstro nos encontros é contrabalançada pela natureza íntima do que escrevo antes deles.

Descobri que os homens de São Francisco tendem a ficar muito intrigados com meus anúncios. Notei que desenvolvi uma voz regional, porque quando publico os mesmos anúncios, ao viajar, muitas vezes recebo e-mails com perguntas retóricas, como: "O que há de errado com você?". Meus anúncios detalham não apenas onde moro e do que gosto, mas também minha paixão por esmaltes de unha, jasmim e gardênias, tiramisù e cheesecake, certos aromas que me lembram de eventos específicos, como meu rosto fica de manhã – o fato de que eu sou incapaz de intimidade real, mas sou muito aberta à intimidade superficial e rapidamente conquistada, que só pode acontecer entre estranhos que gostam da ideia de fazer sexo um com o outro e, provavelmente, uma vez só.

Em 2014, escrevi um desses anúncios e acabei atraindo um cara muito ansioso, com um ar intelectual. Depois de trocarmos alguns e-mails, ele pediu "permissão" para "me seguir agressivamente". Soou como um psicopata, e, naturalmente, fiquei interessada. Notei que homens que atuam em profissões tradicionais adoram falar sobre o que fazem. Então estávamos no Haight, em um restaurante peruano, mastigando minúsculos tentáculos crocantes de polvo, e ele me contou que era um "pesquisador da obesidade".

Ele continuou dizendo, logo depois, que era um grande fã do meu trabalho. A coisa ficou muito confusa.

Felizmente, mais do que conexão, adoro um esquisitão profundamente alienado que assistiu aos meus vídeos do YouTube, feitos em meu quarto, sobre como transformar acessórios de jardim em enfeites de cabelo, ou como "sensualizar" qualquer roupa com uma tesoura e vontade de espantar qualquer impressão de respeitabilidade. Não sei bem o que me manteve naquele encontro: talvez eu ainda não tivesse despertado o bastante para ver o que ele representava, talvez gostasse do que ele representava, talvez eu estivesse disposta a dar a ele um aval para "patologizar" pessoas como eu, porque ele era gordo também.

Ele tinha uma história interessante. Ele disse que sempre se identificara como um "comilão". Gostava muito de comida e comia com frequência, e sempre havia sido magro. De repente, por volta dos 35 anos, algo inesperado aconteceu. Embora o comportamento dele não tivesse mudado, por razões que não conseguia entender, ele engordou.

Durante o encontro, ele me perguntou:

– Sua vida não seria mais fácil se você fosse magra?

A resposta a essa pergunta é simples: não!

Minha vida não seria mais fácil se eu fosse magra. Minha vida seria mais fácil se essa cultura não fosse obcecada em me oprimir por ser gorda. A solução para um problema como preconceito não é fazer tudo ao alcance para se acomodar ao preconceito. É se livrar dele.

Quando sonho com o meu futuro, me vejo gorda. Esse simples fato foi duramente conquistado. Por anos e anos, não pude aceitar a possibilidade que seria gorda para sempre. Eu tinha interiorizado a gordofobia tão profundamente que acreditava que a vida não valeria a pena se eu não me tornasse uma pessoa magra. Não me achava merecedora de coisas boas porque era gorda. Como muitas mulheres, eu tinha um armário cheio de roupas que não serviam em mim. Não deixava que ninguém me fotografasse. Cortava as fotos em que eu acabava aparecendo. A incapacidade de se ver no futuro é um produto da crença de que não há espaço para você na cultura ao seu redor. Acontece que o futuro tem tudo a ver com o presente.

O fascínio da cultura da dieta é uma vida vivida no futuro. O futuro é uma irrealidade hermeticamente selada que não possui nenhum dos limites – ou o potencial de magia – do presente. O presente é confuso, suado, cheio de desejo e, às vezes, raiva e tristeza. O presente é onde está o seu corpo, com todas as imperfeições que o tornam real.

O futuro, para muita gente, representa possibilidades. Minha obsessão era com o meu futuro magro, pela desincorporação. Tinha a ver com me dissociar completamente de mim mesma, do presente e do meu corpo. Na narrativa que criei sobre o futuro, eu era a autora da minha vida. Eu desejava profundamente sentir esse senso de propriedade, mas não sabia como acessá-lo, porque minhas emoções tinham sido severamente castigadas por uma cultura que odeia a gordura e que odeia as mulheres.

Eu senti que poderia obter essa autoridade por meio da conformidade. Não aguentava a realidade em que vivia. Então isolei o meu "eu emocional" do presente e o projetei em outro tempo. Era um tempo lindo, com todas as coisas que eu mais queria, mas achava que não merecia por não estar em um "bom" corpo. Apaguei violentamente meu verdadeiro eu da história ao sempre focar em um futuro anestesiado, cheio de pessoas que também sabiam como se conformar com sucesso. Nunca pensei nessas pessoas como boas ou más. Pensava nelas como reais, e em meu eu gordo como um espaço que eu ocupava temporariamente. Tornei-me cúmplice deles na destruição do meu passado e de tudo que meu fracasso representava: meu corpo indisciplinado, minha falta de graça feminina, minha incapacidade de ser branca o suficiente, minha raiva e minha incapacidade de ser completamente assimilada pela cultura americana. Eu não pensava sobre o assunto dessa forma naquela época, mas era essa a verdade.

Criei um conceito de que, no meu futuro, eu seria livre porque seria magra, mas estava errada. Naquele futuro, não é que eu fosse livre. Longe disso. Qualquer futuro que não seja centrado na erradicação da opressão e na liberdade coletiva não é um futuro que valha a pena imaginar. Naquele futuro, eu não estaria mais sujeita à gordofobia porque seria magra, não porque gordofobia seria extinta. Não havia um eu. A fantasia e o anseio por um corpo magro se tornaram maneiras de suportar a opressão que partia meu coração e acabava comigo. Não me ocorreu que houvesse alguma coisa errada com a ideia de que alguém – que dirá uma cultura inteira – me intimidasse a acreditar que havia algo fundamentalmente errado comigo e que eu precisava mudar isso. Não me ocorreu que o padrão de normal ao qual eu me submetia era violento, e sempre foi. Pensei que poderia *conquistar* a minha saída da zona de opressão, mas percebo agora que nada está mais longe da verdade. Eu tinha perdido de vista o meu direito à liberdade e de viver uma vida livre de opressão. Eu tinha perdido de vista que essas coisas são direitos de nascença. Não se pode obter liberdade por meio da conformidade. Gastar um dinheirão também não garantirá a sua liberdade.

E só podemos reivindicá-la quando reconhecemos que ela já nos pertence.

QUERO
LIBERDADE

Por muito tempo, eu quis perder peso mais do que absolutamente qualquer outra coisa. Acreditava que a vida começaria depois. Quando perdesse peso, eu usaria um biquíni. Quando perdesse peso, eu seria feliz. Quando perdesse peso, eu usaria shorts curtos, namoraria, me sentiria bonita, usaria um batom rosa. Viajaria pelo mundo, comeria bolinhos e sorriria com total despreocupação nas fotos (quando minhas bochechas fossem menores e eu não tivesse um queixo duplo). Quando perdesse peso, eu me amaria.

Quero ser completamente clara com você sobre o que a dieta era para mim. Não se tratava apenas de comer cenouras, pipocas sem gordura, Pop-Tarts de baixa caloria, ou sorvetes de iogurte sem gordura, sem glúten e sem açúcar. Não se tratava apenas de me pesar uma, duas ou até dez vezes por dia. Não se tratava apenas da pura alegria que sentia ao perder um quilo, nem da imensa vergonha e autoaversão ao recuperá-lo. Não se tratava apenas de "força de vontade" e dos polichinelos e do pedômetro que informa que distância foi percorrida durante a semana. Não se tratava apenas de não comer a sobremesa, ou de pular o jantar. Não se tratava apenas de diários para registrar o que eu tinha comido, ou de chorar na frente do espelho enquanto apertava com repugnância minha gordura.

Agora percebo que todos esses anos que dediquei a perder peso e a odiar meu corpo se trataram, de fato, de uma tentativa equivocada de ser livre. Sim, eu fazia dieta porque acreditava que só quando perdesse peso eu mereceria viajar, usar roupas fofas e ir a muitos encontros com pessoas com quem eu gostava. Porém, mais do que isso, eu queria o que aquelas coisas representavam: felicidade, amor, alegria e, mais importante, liberdade. Ao não comer e passar fome, eu tentava conquistar minha liberdade. Eu tinha sido ensinada a acreditar que a perda de peso era a chave para os maiores desejos do meu coração, mas, na verdade, não era. Porque a autodepreciação não é o caminho para conquistar o amor-próprio.

Ensinaram-me que a dieta era o caminho para a liberdade, e levei muito tempo para perceber que isso é uma enorme mentira. Com a dieta, tudo dependia da minha aceitação de que eu era a única culpada por ser gorda. Com a dieta, tive que admitir que não havia nada de errado ou de doentio em uma cultura que me ensinava a me odiar. Com dieta, fui forçada a acreditar que o problema residia dentro de mim, não fora de mim. Eu estava intoxicada pela noção desse poder individual. Mesmo enquanto essa noção me devorava viva, cruelmente, eu me alimentava da ideia de que poderia ter qualquer coisa que eu quisesse, e que quanto mais me sacrificasse, mais eu ganharia.

Agora percebo que todas as vezes em que eu disse "quero ser magra", eu realmente queria dizer "quero ser amada", "quero ser feliz", "quero ser vista", "quero ser livre".

Nós somos ensinadas que magreza é sinônimo de beleza, poder e amor. Mas, na verdade, não é. A beleza não é algo que as mulheres conquistam: é algo que as pessoas são. O poder não é alcançado por meio da busca obstinada pela homogeneidade. Isso é algo inato dentro de nós, reforçado pela não conformidade. O amor não é algo que as pessoas conquistam pela obediência. É um direito que todos têm assim que nascem. Nós não podemos morrer de fome até sermos amadas, até sermos livres.

A verdade é que, neste momento, mulheres e meninas estão passando fome todos os dias. Elas estão entrando em sua primeira dieta antes mesmo dos dez anos. Elas estão sendo instruídas a usar coisas que escondem ou que "realcem" seu corpo. Elas têm sua comida vigiada e se envergonham de sua gordura perante os colegas de classe e de trabalho. Elas estão se exercitando obsessivamente, o que acaba em dor ou lesão. Elas não têm paz de espírito até que tenham suado a última caloria que consumiram. Elas estão sonhando em fazer uma plástica na barriga. Elas estão sendo romanticamente rejeitadas, ignoradas e culpando a si mesmas e acreditando que, se perderem um pouco mais de peso, aquele alguém que sequer vale seu tempo vai ligar. Elas estão analisando obsessivamente os rótulos de alimentos. Elas estão evitando seções inteiras do supermercado porque não se acham capazes de controlar o impulso de comer algo delicioso. Elas estão evitando religiosamente proteína e gordura. Eles estão subindo em balanças várias vezes por dia. Elas estão evitando sair em fotos, ou apenas permitindo que sua vida seja registrada se elas "parecerem magras". Elas não conseguem se imaginar no futuro ainda com seu tamanho atual. Elas estão aceitando relacionamentos e experiências sexuais inaceitáveis porque não se acham merecedoras de algo melhor. Elas não conseguem sequer entender o que realmente querem, porque passaram muitos e muitos anos aprendendo a não ouvir ou não acreditar em seu próprio corpo.

Essa não é uma visão de bem-estar.

Essa não é uma visão de sucesso.

Essa não é uma visão da normalidade.

E, no entanto, essa é a realidade de muitas, muitas mulheres. Essa é a aparência da cultura da dieta. Essa é uma visão de como foi minha vida por quase duas décadas.

É difícil compactar organizadamente vinte anos de vida. Eu seria negligente se não incluísse certa beleza selvagem em minha própria história. Fui apanhada por um redemoinho cultural, muito maior e mais cruel do que eu jamais sonharia. Mas vivi muitas coisas durante esses anos em que tentava sobreviver. A vida, de alguma forma, encontrou uma maneira de expulsar meu medo, como uma flor nascida em uma fissura do concreto.

Sempre achei divertido e, de certa forma, triste, que a gordofobia tenha me forçado a encontrar alternativas para minha cidade pequena e conservadora. Graças à gordofobia, ninguém namorava comigo. Então, desenvolvi resiliência sexual e romântica como nenhuma outra. Vi imediatamente o potencial da Internet para párias, como eu, e me familiarizei com novas tecnologias mais rápido do que meus colegas de classe, embora minha família não tivesse um computador em casa. De certa forma, acho que meu relacionamento precoce e íntimo com o ciberespaço é o motivo pelo qual me tornei uma ciberfeminista. Fiquei boa em escrever e articular coisas porque navegava por mídias de textos densos. Meus primeiros encontros deviam ter sido no McDonald's ou no Applebee's, mas como eu conhecia caras que tinham que pagar por serviços pessoais de telefone, em vez disso, aconteceram em restaurantes chiques, com empresários polidos que me ensinavam o que eram foie gras, filé mignon e sexo oral receptivo. Foi devido à rejeição gordofóbica que não acabei em um casamento precoce ou senti a pressão da gravidez, como minhas colegas da classe feminina socialmente aceitáveis, cujos namorados queriam reivindicá-los. Foi por estar desimpedida dessas coisas que pude viajar e buscar educação superior, feminismo e experimentação sexual.

De acordo com a cultura, minha vida importava menos porque eu não era "comível". Assim, fui empurrada para as margens, "uma fronteira gloriosa e estranha", como definiu Gloria Anzaldúa. A gordofobia e a dieta foram fantasmas que lançaram uma sombra na minha vida. Porém, como acontece com toda opressão, elas criaram uma estrada alternativa à realidade sufocante do senso comum. Essa estrada é linda e maravilhosa, cheia de gente que conhece uma versão da verdade que jamais será vista pelas pessoas que estão imersas no senso comum. Eu gostaria que todos tivessem acesso a esse maravilhoso mundo proscrito, e queria que os termos desse acesso não fossem tão bárbaros.

Reflito sobre todas as coisas que fiz com meu próprio corpo, e como por meio da recusa dele em desistir ou parar encontrei minha própria força e minha própria beleza.

A maioria das pessoas não consegue nem imaginar qual é o gostinho da liberdade. Para mim, tem um sabor semelhante ao da manteiga. Uma das gorduras favoritas do mundo das gorduras. Muitas mulheres que conheci perderam qualquer apetite por liberdade, porque se conformaram com muito pouco – metafórica e literalmente –, por muito tempo.

O que torna a liberdade difícil é que não nos foi dada nenhuma estrutura para imaginar além da nossa condição atual. Uma vez, assisti a uma palestra da ativista e acadêmica Andrea Smith, que disse que, para aceitar o inaceitável, devemos acreditar que não há alternativa.

Sei que quando eu estava no "modo dieta" achava que não havia alternativa. Eu acreditava que, como mulher gorda, tinha a obrigação de fazer dieta. Afinal, o que tinham me ensinado era que eu precisava mudar meu corpo, por qualquer meio necessário. Ainda que fosse uma pessoa inteligente, que já tinha lido bastante coisa, nunca me ocorreu que eu poderia optar por não fazer dieta. O pensamento não passou pela minha cabeça até que alguém o apresentasse para mim, aos vinte e tantos anos – e depois de quase vinte anos de dieta, com picos de inanição. Na época, a dieta era tão fundamental na minha vida quanto ar e água. Acho que realmente acreditava em "vivo, logo faço dieta".

Encorajo as pessoas a responderem a esta pergunta: Como seria sua vida se você parasse de tentar controlar seu peso?

Vamos ainda mais longe. O que aconteceria se eu te dissesse que seu corpo está ótimo? E se eu te dissesse que você tem permissão para comer e vestir o que quiser, porque é oficialmente perfeita? E se vivêssemos em um mundo imaginário onde ninguém nunca tivesse te ensinado que seu corpo era inadequado, onde você nunca tivesse ouvido que certos alimentos eram bons, maus, terríveis ou saudáveis? E se vivêssemos em um mundo imaginário onde a comida não carregasse qualquer significado moral – cachorros-quentes não fossem moralmente inferiores às cenouras, e o alface não fosse moralmente superior à Nutella? E se nenhuma roupa ultrapassasse limites preestabelecidos – você poderia usar qualquer cor que quisesse, listras horizontais ou verticais, lantejoulas ou cambraia, shorts ou blusinhas curtas. E se você acordasse todos os dias e seu primeiro pensamento não fosse "eu odeio este corpo"? Quero que imagine que esperava que todas as pessoas a tratassem com humanidade e respeito, e que, quando não o fizeram, você *as* culpou por serem idiotas, em vez de culpar a si mesma, pela falsa percepção de que fez algo para merecer aquele tratamento. E se você nunca tivesse ouvido que era errado comer manteiga? E se todos os corpos fossem vistos como igualmente merecedores de carinho?

E se eu dissesse que você tem direito a esse mundo? E se eu te dissesse que você não tem que perder nenhum quilo para conquistar essa vida, porque ela já foi sua, há muito tempo, antes que fosse roubada de você?

VOCÊ TEM O **DIREITO** DE PERMANECER **GORDA**

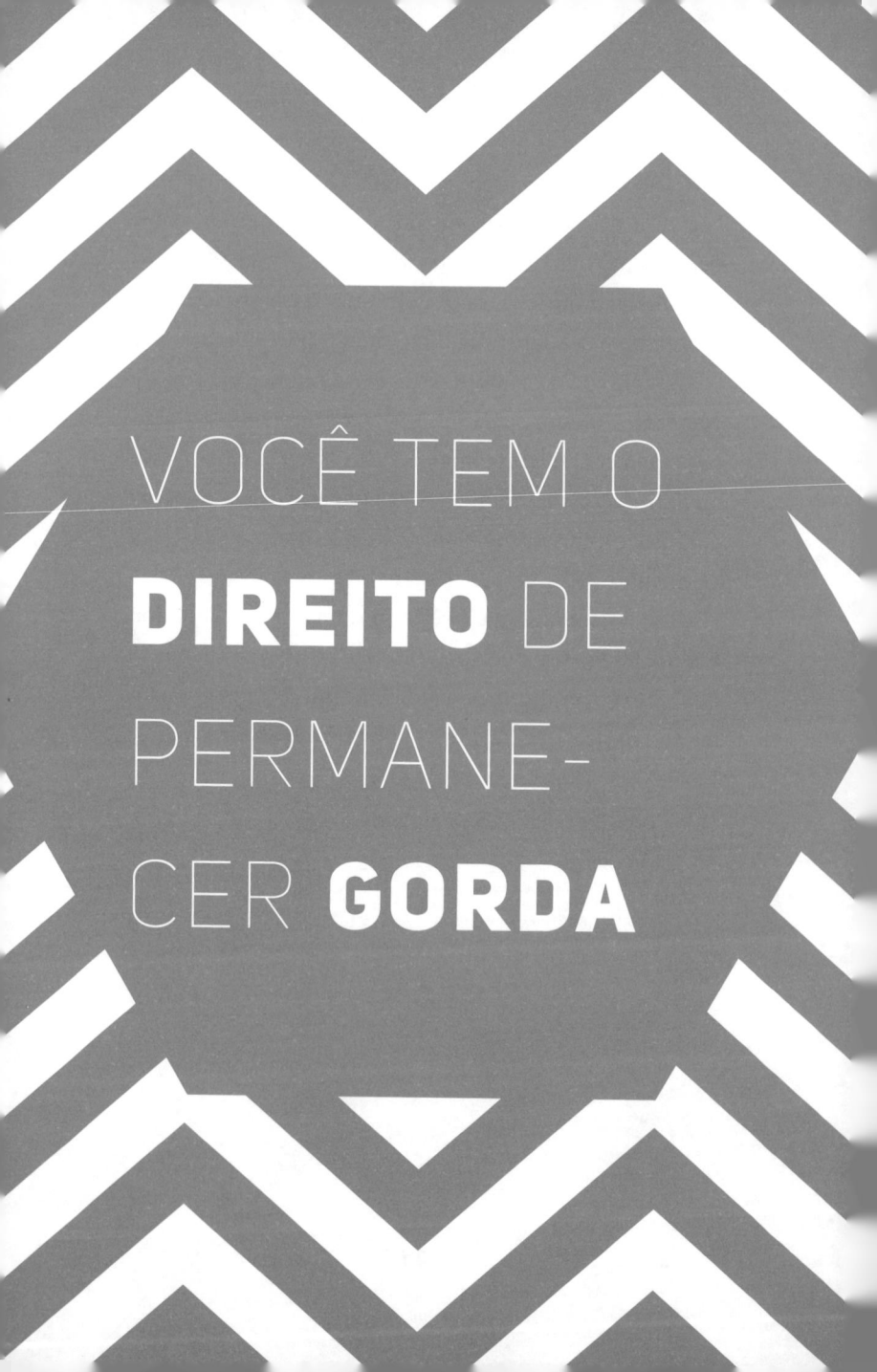

Eu queria que alguém tivesse me contado, há uns vinte e oito anos, que não havia nada de errado em ser gorda, e que, na verdade, era bem *irado* ser gorda. Eu gostaria que vivêssemos em uma cultura onde as pessoas de todos os tamanhos fossem tratadas com toda a dignidade e humanidade que cada um de nós merece.

Quase todas as minhas melhores e mais memoráveis experiências aconteceram com pessoas gordas ao meu redor: ser criada por duas mulheres gordas; a forma como nossas barrigas se tocam quando abraço outra pessoa gorda; a primeira vez que fui comprar um traje de banho de duas peças; as inúmeras vezes que acabei pelada em uma banheira de água quente ou no mar; quando tomei café da manhã no Eggslut, em Los Angeles, e depois comi cachorros-quentes com chili épicos em Santee Alley, onde encontrei um macacão com renda branca que me fez lembrar de Selena; aquela vez em que fiz xixi (duas vezes) em uma piscina no Marriott, em Seattle; a troca de roupas *plus size*, onde encontrei um vestido de unicórnio; quando me esgueirei no set de um clipe de música; a vez em que fui a uma festa de David Lynch; quando, no acostamento da estrada, caímos na gargalhada e olhamos para a Lua; ao comer sanduíches porto-riquenhos de banana-da-terra e filé enquanto contemplava a Golden Gate; aprender que a melhor maneira de comer pipoca no cinema é misturá-la a um enorme saco de M&Ms de manteiga de amendoim; alugar um barco para percorrer os canais além da Cidade do México e tomar um sol com as gorduras de fora no deque de madeira; a primeira vez em que usei uma blusa curta; quando fui para a Grécia, para a Páscoa Ortodoxa; a vez em que vi uma autêntica pintura de Klimt em Viena; e a vez em que levei um monte de brotinhos para a Jamaica, em 2016.

No outono de 2016, eu estava em Negril com dez mulheres, a maioria de nós gorda. Era a anfitriã de um retiro para o Babecamp, um curso on-line que ministro para mulheres que querem romper com a cultura da dieta. Toda manhã, acordávamos e comíamos um enorme café da manhã, com mamão, omeletes, panquecas, *callaloo*, banana frita e café Blue Mountain. Em seguida, caminhávamos até a praia de areias brancas com vista para o Mar do Caribe para meditar, alongar e praticar o "remelexo", algo novo que inventei.

Para remelexer, você deve primeiro decidir se quer ficar nua ou não. No primeiro dia, decidi que, a fim de executar um remelexo perfeito, ia tirar minhas roupas. Nós esticamos os braços e as pernas ao máximo. Enterramos os pés descalços na areia quente.

Eu queria resgatar algo muito antigo e brincalhão de dentro de nós, como o sentimento de algo milenar sendo desencavado. Expliquei que contaria até três e que então deveríamos remexer cada parte nossa que pudesse balançar. E que nos divertiríamos, deleitadas e curiosas com nossos corpos. Da forma como eu fazia quando eu era uma garotinha.

Três, dois, um...

AGRADECI-
MENTOS

Obrigada a Michelle Tea, por me encorajar a escrever e por me apresentar um modelo de existência que eu nunca tinha imaginado antes de nos conhecermos. Gostaria de agradecer às minhas editoras na Feminist Press, Jennifer Baumgardner e Alyea Canada. Obrigada a Brooke Warner, por sempre me dar conselhos sem pé nem cabeça sobre tudo que é literário. Obrigada a Juliana Delgado Lopera, que me encoraja a ser honesta, mas a também enxergar a (ocasional!) miopia da minha própria perspectiva. Obrigada às ativistas gordas e pensadoras que vieram antes de mim e que virão depois de mim, que me ensinaram o que era a liberdade e como ela poderia ser – inclusive Charlotte Cooper, Jukie Sunshine, The Fat Underground, Let It All Hang Out, Caleb Luna, Fat Lip Readers Theater, Kendal Blum, It Gets Fatter, Nolose, Rachele Teresi, Nalgona Positivity Pride, Jessamyn Stanleye Veronika Merklein. Obrigada a Isabel Foxen Duke, por ser uma amiga e uma companheira guerreira nesta batalha pela vida das mulheres. Obrigada a Sam Tyler-Smith, que, há muitos anos, mudou a minha vida – e com quem não falo há um tempão.

NOTAS

Restrição alimentar não é pra você
1. Barbara Boughton, "Obesity a Factor in High-Risk Sexual Behavior in Adolescent Girls", Medscape, 28 de maio de 2010, http://www.medscape.com/viewarticle/722673#vp_1.
2. Michael P. Dentato, "The Minority Stress Perspective", American Psychological Association, Abril de 2012, http://www.apa.org/pi/aids/resources/exchange/2012/04/minoritystress.aspx.
3. Ana Swanson, "What Your New Gym Doesn't Want You to Know", Washington Post, 05 de janeiro de 2016, https://www.washingtonpost.com/news/wonk/wp/2016/01/05/what-your-new-gym-doesntwant-you-to-know/?utm_term=.881007b9edf9.

Inferioridade interiorizada e sexismo
1. Emma Gray, "Public Food-Shaming Is the Insidious Type of Street Harassment No One Is Talking About," Huffington Post, 23 de julho de 2014, latualizado pela última vez em 01 de julho de 2016, http://www. huffingtonpost.com/2014/07/23/public-foodshaming-women_n_5604185.html.

A gordofobia é a nova linguagem do classismo e do racismo
1. Judy Mandelbaum, "Sex Researchers:'Size' Does Matter", Salon, 08 de setembro de 2010, http://www.salon.com/2010/09/08/turkish_sex_study_bmi_male_performance_open2010/
2. Lara Rosenbaum, "4 Exercises That Will Banish Your Man Boobs," Men's Health, 21 de janeiro de 2015, http://www.menshealth.com/fitness/banish-your-man-boobs-0.
3. Angelina R. Sutin, Yannick Stephan, e Antonio Terracciano, "Weight Discrimination and Risk of Mortality," Psychological Science 26, no. 11 (2015): 1803–11.

©2018, Pri Primavera Editorial Ltda.

©2018, Virgie Tovar

Equipe editorial: Larissa Caldin e Lourdes Magalhães
Revisão: Rebeca Lacerda
Projeto gráfico, capa e diagramação: Project Nine Editorial
Imagem de capa: Isabela Marques

Dados Internacionais de Catalogação na Publicaçao (CIP)
Andreia de Almeida CRB-8/7889

Tovar, Virgie

　Meu corpo, minhas medidas / Virgie Tovar ; tradução de Mabi Cosa. -- São Paulo : Primavera Editorial, 2018.

128 p.

ISBN: 978-85-5578-069-1

Título original: You have the right to remain fat.

1. Obesidade em mulheres 2. Imagem corporal em mulheres 3. Autoestima em mulheres 4. Discriminação estética I. Título II. Costa, Mabi

18-1327　　　　　　　　　　　　CDD 613.04244

Índices para catálogo sistemático:
1. Discriminação por aparência física
2. Mulheres obesas

PRIMAVERA
EDITORIAL

Av. Queiroz Filho, 1560 - Torre Gaivota Sl. 109
05319-000 – São Paulo – SP
Telefone: (55 11) 3034-3925
www.primaveraeditorial.com
contato@primaveraeditorial.com